Thich Nhat Hanh

Das Diamantsutra

Thich Nhat Hanh

Das Diamantsutra

Der Diamant, der die Illusion durchschneidet

Ins Deutsche übersetzt
von Ursula Richard

edition steinrich

MIX
Papier aus verantwortungsvollen Quellen
FSC® C110508
FSC
www.fsc.org

Bibliografische Information der Deutschen Nationalbibliothek
Die Deutsche Nationalbibliothek verzeichnet diese Publikation in der Deutschen Nationalbibliografie; detaillierte bibliografische Daten sind im Internet über http://dnd.d-nb.de abrufbar.

Titel der Originalausgabe:
The Diamond that cuts through Illusion
Commentaries on the Prajnaparamita Diamond Sutra
erschienen bei Parallax Press, Berkeley, CA, USA

www.edition-steinrich.de

Umschlaggestaltung: Ingeburg Zoschke, Berlin
Gestaltung und Satz: Grafikstudio Scheffler, Berlin
Druck: Westermann Druck Zwickau
Printed in Germany

ISBN 978-3-942085-16-8

Inhalt

Einführung

Brüder und Schwestern, bitte lest dieses Sutra – *Der Diamant, der die Illusion durchschneidet* – mit einem klaren Geist, einem Geist, der frei ist von Ansichten. Stürzt euch nicht vorschnell auf die Kommentare, da sie euch sonst vielleicht zu sehr beeinflussen. Bitte lest zuerst das Sutra. Vielleicht seht ihr Dinge, die noch kein Kommentator gesehen hat. Lest, als würdet ihr es rezitieren; benutzt Körper und Geist, um mit den Worten in Berührung zu sein. Versucht, das Sutra aus euren eigenen Erfahrungen, eurem Leiden heraus zu verstehen. Es ist hilfreich, sich zu fragen: »Haben diese Lehren des Buddha irgendetwas mit meinem täglichen Leben zu tun?« Abstrakte Ideen können wunderschön sein, doch wenn sie mit unserem Leben nichts zu tun haben, welchen Nutzen haben sie dann? Fragt euch also: »Haben diese Worte irgendetwas damit zu tun, wie ich eine Mahlzeit zu mir nehme, meinen Tee trinke, wie ich Holz schneide oder Wasser trage?«

Der Name dieses Sutra ist *Vajracchedika Prajnaparaniita. Vajracchedika* bedeutet *Der Diamant, der Leiden, Unwissenheit, Wahn und Illusion durch-*

schneidet. In China und Vietnam wird es im Allgemeinen als *Diamant-Sutra* bezeichnet, und die Betonung liegt auf dem Wort »Diamant«; doch eigentlich ist der Begriff »durchschneiden« viel wichtiger. Erinnert euch also bitte stets an den vollständigen Namen des Sutra *Der Diamant, der die Illusion durchschneidet*. *Prajnaparamita* bedeutet *Vollkommene Weisheit, Transzendentes Verstehen* oder *Die Weisheit, die uns über das Meer des Leidens hin zum anderen Ufer bringt*. Dieses Sutra zu studieren und in die Praxis umzusetzen kann uns helfen, Unwissenheit und falsche Ansichten zu durchschneiden, sie zu überwinden und uns selbst zum Ufer der Befreiung zu bringen.

Das Vajracchedika Prajnaparamita Sutra

1

So habe ich gehört:

Zu jener Zeit weilte der Buddha im Jetavana-Kloster im Park des Anathapindika in der Nähe von Sravasti; mit ihm waren 1250 Bhikkhus, vollordinierte Mönche.

Als an diesem Tag die Zeit der Almosenrunde gekommen war, legte der Buddha seine Mantelrobe an, nahm seine Schale und ging in die Stadt Sravasti. Dort schritt er von Haus zu Haus und bettelte um Almosen. Danach kehrte er zum Kloster zurück, um sein Mittagsmahl einzunehmen. Schließlich legte er seine Mantelrobe ab, stellte die Schale beiseite, wusch seine Füße, richtete sein Kissen und setzte sich nieder.

2

Da erhob sich der Ehrwürdige Subhuti, entblößte seine rechte Schulter, beugte sein Knie zum Boden, legte ehrerbietig seine Handflächen zusammen und sprach zu dem Buddha: »Du von aller Welt Verehrter, äußerst selten nur begegnet man jemandem wie dir. Du gewährst den Bodhisattvas stets Unterstützung und zeigst dein besonderes Vertrauen zu ihnen.

Weltverehrter, wenn Söhne und Töchter aus guten Familien höchsten, vollkommen erwachten Geist zu erwecken suchen, auf was sollen sie sich stützen und was sollen sie tun, um ihr Denken zu beherrschen?«

Der Buddha antwortete: »Gut gesprochen, Subhuti! Was du gesagt hast, ist vollkommen richtig. Der Tathagata gewährt den Bodhisattvas fortwährend Unterstützung und zeigt sein besonderes Vertrauen zu ihnen. Bitte, höre nun zu, mit deiner ganzen Aufmerksamkeit, der Tathagata wird dir deine Frage beantworten. Wenn Töchter und Söhne aus guten Familien höchsten, vollkommen erwachten Geist zu erwecken suchen, so sollen sie sich auf das Folgende stützen und ihr Denken auf die folgende Weise zu beherrschen lernen.«

Der Ehrwürdige Subhuti sagte: »Herr, wir sind glücklich, deine Lehren vernehmen zu können.«

3

Der Buddha sprach zu Subhuti: »Auf diese Weise beherrschen die Bodhisattva-Mahasattvas ihr Denken: ›Wie viele Arten von Lebewesen es auch geben mag ob aus einem Ei oder einem mütterlichen Schoß geboren, aus Feuchtigkeit entstanden oder aus sich selbst heraus; ob diese Wesen nun Form haben oder keine Form, Wahrnehmungen haben oder keine Wahrnehmungen; oder ob von ihnen nicht gesagt werden kann, ob sie Wahrnehmungen haben oder nicht –, wir müssen all diese Wesen zum endgültigen, vollständigen Nirvana führen, damit sie Befreiung finden können. Und wenn die nicht zu zählende, unermessliche, unendlich große Anzahl der Wesen befreit ist, denken wir nicht, dass auch nur ein einziges Wesen befreit ist.‹

Warum ist das so? Wenn, Subhuti, ein Bodhisattva an der Vorstellung festhält, dass ein Selbst, eine Person, ein Lebewesen oder eine Lebensspanne existiere, dann ist er kein echter Bodhisattva.«

4

»Überdies, Subhuti – wenn ein Bodhisattva sich in Freigebigkeit übt, dann stützt er sich auf kein Objekt, das heißt, er stützt sich auf keine Form, keinen Klang, keinen Geruch, keinen Geschmack, kein Berührbares und kein Dharma, um Freigebigkeit zu üben. Das, Subhuti, ist der Geist, aus dem heraus der Bodhisattva Freigebigkeit praktizieren sollte, ein Geist, der sich nicht auf Zeichen stützt. Warum? Wenn ein Bodhisattva Freigebigkeit praktiziert, ohne sich auf Zeichen zu stützen, so ist das Glück, das daraus entspringt, weder vorstellbar noch ermessbar. Subhuti, glaubst du, dass es möglich ist, den Raum in östlicher Richtung zu vermessen?«

»Nein, Weltverehrter!«

»Subhuti, ist es möglich, den Raum in westlicher, südlicher und nördlicher Richtung zu vermessen, nach oben und nach unten hin?«

»Nein, Weltverehrter!«

»Subhuti, stützt sich ein Bodhisattva auf keinerlei Vorstellungen, wenn er sich in Freigebigkeit übt, dann ist das Glück, das diesem tugendhaften Handeln entspringt, so groß wie das Weltall. Es kann nicht ermessen werden. Subhuti, die Bodhisattvas sollten ihren Geist in diese Belehrungen versenken und dort verweilen lassen.«

5

»Was denkst du, Subhuti, ist es möglich, den Tathagata anhand körperlicher Kennzeichen zu erfassen?«

»Nein, Weltverehrter. Spricht der Tathagata von körperlichen Kennzeichen, so gibt es doch keine Kennzeichen, über die zu sprechen wäre.« Der Buddha sagte zu Subhuti: »Wo es etwas gibt, das durch Zeichen unterscheidbar ist, da gibt es Täuschung. Wenn du die zeichenlose Natur der Zeichen sehen kannst, dann kannst du den Tathagata sehen.«

6

Der Ehrwürdige Subhuti sprach zu dem Buddha: »Wird es auch in künftigen Zeiten Menschen geben, die wahrhaftigen Glauben und wirkliches Vertrauen in diese Lehren haben, wenn sie sie hören?«

Der Buddha antwortete: »Sprich nicht in dieser Weise, Subhuti. Noch fünfhundert Jahre nach dem Hinscheiden des Tathagata wird es Menschen geben, die sich daran erfreuen, die Regeln zu befolgen. Hören solche Menschen diese Worte, werden sie den Glauben und das Vertrauen besitzen, dass diese Worte die Wahrheit sind. Wir müssen wissen, dass solche Menschen nicht nur während der Lebzeit eines Buddha heilsame Samen gesät haben oder während der Lebzeiten von zwei, drei, vier oder fünf Buddhas, sondern dass sie die guten Samen während der Lebzeiten von Zehntausenden von Buddhas gesät haben. Der Tathagata sieht und erkennt jede Person, die beim Hören dieser Worte des Tathagata reines, klares Vertrauen in sich erweckt – und sei es auch nur für eine Sekunde –, und diese Person wird, weil sie versteht, unermessliches Glück erfahren.

Warum? Weil Menschen dieser Art nicht in die Vorstellung von einem Selbst, einer Person, einem Lebewesen oder einer Lebensspanne verstrickt sind. Sie sind weder in der Vorstellung von einem Dharma noch in der Vorstellung von einem Nicht-Dharma gefangen. Sie sind nicht in die Vorstellung verstrickt, dass dies ein Zeichen sei und jenes kein Zeichen. Warum? Wenn du der Vorstellung von einem Dharma verhaftet bist, dann bist du auch der Vorstellung von einem Selbst, einer Person, einem Lebewesen und einer Lebensspanne verhaftet. Bist du in die Vorstellung verstrickt, dass es keine Dharmas gebe, dann bist du noch immer in der Vorstellung von einem Selbst, einer Person, einem Lebewesen und einer Lebensspanne gefangen. Darum dürfen wir uns den Dharmas nicht verhaften noch der Vorstellung, dass Dharmas nicht existierten. Das ist die verborgene Bedeutung dessen, wenn der Tathagata sagt: ›Bhikkhus, ihr müsst wissen, dass alle Lehren, die ich euch gebe, ein Floß sind.‹ Alle Lehren müssen aufgegeben werden, ganz zu schweigen von den Nicht-Lehren.«

7

»Was denkst du, Subhuti, hat der Tathagata höchsten, vollkommen erwachten Geist erlangt? Gibt der Tathagata irgendwelche Belehrungen?«

Der Ehrwürdige Subhuti antwortete: »So weit ich die Lehren des Erhabenen verstanden habe, gibt es kein unabhängig existierendes Objekt des

Geistes, das höchster, vollkommen erwachter Geist heißt, noch gibt es irgendwelche unabhängig existierenden Belehrungen, die der Tathagata gibt. Warum? Die Lehren, die der Tathagata verwirklicht hat und von denen er spricht, können nicht als unabhängig und eigenständig existierend gedacht werden und können daher auch nicht beschrieben werden. Die Lehre des Tathagata ist weder selbstexistent noch nicht selbst-existent. Warum? Weil die edlen Lehrer sich von anderen nur hinsichtlich des Nicht-Bedingten unterscheiden.«

8

»Was meinst du, Subhuti, wenn ein Sohn oder eine Tochter aus guter Familie die dreitausend Chiliokosmen als Akt der Freigebigkeit mit den sieben kostbaren Schätzen füllen würde, könnte diese Person durch eine solch tugendhafte Handlung großes Glück bewirken?«

Der Ehrwürdige Subhuti antwortete: »Ja, Weltverehrter. Weil Tugend und Glück in ihrem Wesen nicht Tugend und Glück sind, kann der Tathagata von Tugend und Glück sprechen.«

Der Buddha sagte: »Wenn nun – auf der anderen Seite – eine Person diese Lehren annimmt, sie in ihrem Leben verwirklicht und anderen erklärt – und sei es nur eine Gatha von vier Zeilen –, so übersteigt das Glück, das durch dieses tugendhafte Handeln entsteht, bei weitem jenes, das aus dem Geben der sieben kostbaren Schätze erwächst. Warum? Weil, Subhuti, alle Buddhas und das Dharma des höchsten, vollkommen erwachten Geistes aller Buddhas aus diesen Lehren hervorgehen.

Subhuti, das, was Buddhadharma genannt wird, ist all das, was nicht Buddhadharma ist.«

9

»Was meinst du, Subhuti, denkt ein In-den-Strom-Eingetretener: ›Ich habe die Frucht des Stromeintritts erlangt‹?«

Subhuti erwiderte: »Nein, Weltverehrter. Warum?

Strom-Eintritt bedeutet in den Strom eintreten; aber in Wirklichkeit gibt es keinen Strom, in den einzutreten wäre. Man tritt in keinen Strom ein, der Form ist, noch in einen, der Klang, Geruch, Geschmack, Berührbares oder Objekt des Geistes ist. Das meinen wir, wenn wir von Strom-Eintritt sprechen.«

»Was glaubst du, Subhuti, denkt ein Einmal-Wiederkehrender: ›Ich habe die Frucht der Einmal-Wiederkehr erlangt‹?«

Subhuti erwiderte: »Nein, Weltverehrter. Warum? Einmal-Wiederkehr bedeutet gehen und noch einmal wiederkehren; aber in Wirklichkeit gibt es kein Gehen, genauso wie es kein Wiederkehren gibt. Das meinen wir, wenn wir Einmal-Wiederkehrender sagen.«

»Was glaubst du, Subhuti, denkt ein Nie-Wiederkehrender: ›Ich habe die Frucht der Nie-Wiederkehr erlangt‹?«

Subhuti erwiderte: »Nein, Weltverehrter. Warum? Nie-Wiederkehr bedeutet nicht in diese Welt zurückkehren; aber in Wirklichkeit kann es so etwas wie Nie-Wiederkehr nicht geben. Das meinen wir, wenn wir Nie-Wiederkehrender sagen.«

»Was glaubst du, Subhuti, denkt ein Arhat: ›Ich habe die Frucht der Arhatschaft erlangt‹?«

Subhuti erwiderte: »Nein, Weltverehrter. Warum? Es gibt kein eigenständig existierendes Ding, das Arhatschaft genannt werden könnte. Wenn ein Arhat den Gedanken hegt, er habe die Frucht der Arhatschaft erlangt, dann ist er noch in die Vorstellung von einem Selbst, einer Person, einem Lebewesen und einer Lebensspanne verstrickt. Weltverehrter, du hast oft gesagt, dass ich die Konzentration erlangt habe, in Frieden zu verweilen, und dass ich innerhalb der Gemeinschaft der Arhat bin, der Verlangen und Begierden weitestgehend überwunden hat. Weltverehrter, würde ich selbst meinen, die Frucht der Arhatschaft erlangt zu haben, würdest du sicherlich nicht davon sprechen, wie gerne ich in der Konzentration des friedvollen Verweilens ruhe.«

10

Der Buddha fragte Subhuti: »In alten Zeiten, als der Tathagata unter dem Buddha Dipankara übte, hat er da irgendetwas erlangt?«

Subhuti antwortete: »Nein, Weltverehrter. In alten Zeiten, als der Tathagata unter dem Buddha Dipankara übte, da erlangte er nichts.«

»Was meinst du, Subhuti, schafft ein Bodhisattva ein harmonisches, schönes Buddha-Feld?«

»Nein, Weltverehrter. Warum? Ein harmonisches, schönes Buddha-Feld schaffen bedeutet in Wirklichkeit nicht ein harmonisches, schönes Buddha-Feld schaffen. Und darum nennt man es: ein harmonisches, schönes Buddha-Feld schaffen.«

Der Buddha sagte: »In diesem Geiste, Subhuti, sollten alle Bodhisattva-Mahasattvas ihren reinen, klaren Vorsatz fassen. Wenn sie diesen Vorsatz fassen, sollten sie sich dabei nicht auf Form, Klang, Geruch, Geschmack, Berührbares oder Geistesobjekt stützen. Sie sollten einen Vorsatz fassen aus einem Geist heraus, der nirgendwo verweilt.

Subhuti, angenommen, da ist ein Mann, dessen Körper so groß wie der Berg Sumeru ist. Würdest du seinen Körper als groß bezeichnen?«

Subhuti antwortete: »Ja, Weltverehrter, als sehr groß. Warum? Was der Tathagata meint, ist nicht ein großer Körper, der als großer Körper bekannt ist.«

11

»Subhuti, wenn es so viele Ganga-Ströme gäbe wie es Sandkörner in der Ganga gibt, würdest du dann die Zahl der Sandkörner in allen Ganga-Strömen als sehr groß bezeichnen?«

Subhuti antwortete: »Als sehr groß, in der Tat, Weltverehrter. Wäre die Zahl der Ganga-Ströme schon gewaltig, um wie viel gewaltiger dann noch die Zahl der Sandkörner in all diesen Strömen.«

»Subhuti, ich möchte dich folgendes fragen: Wenn eine Tochter oder ein Sohn aus gutem Hause als Akt der Freigebigkeit die dreitausend Chiliokosmen mit so vielen kostbaren Schätzen füllen würde, wie es Sandkörner in allen Ganga-Strömen gibt, könnte diese Person durch ihr tugendhaftes Handeln großes Glück bewirken?«

Subhuti erwiderte: »Sehr großes Glück, Weltverehrter.«

Der Buddha sprach zu Subhuti: »Wenn eine Tochter oder ein Sohn aus gutem Hause dieses Sutra annimmt, sich darin übt und es anderen erläutert – und sei es nur eine Gatha von vier Zeilen –, so ist das Glück, das diesem tugendhaften Handeln entspringt, noch weitaus größer.«

12

»Und weiter, Subhuti, jedes Stückchen Land, auf dem dieses Sutra verkündet wird – und sei es nur eine Gatha von vier Zeilen –, wird ein Land sein, das Götter, Menschen und Asuras aufsuchen, um Opfergaben zu bringen, so wie sie es an einem Stupa des Buddha tun. Und wenn schon dieses Stückchen Land als heilig angesehen wird, um wie viel mehr dann die Person, die dieses Sutra praktiziert und rezitiert. Subhuti, du musst wissen, dass diese Person etwas sehr Seltenes, Profundes erlangt. Wo immer dieses Sutra befolgt wird, ist ein heiliger Ort, der die Gegenwart des Buddha oder die eines seiner großen Schüler bewahrt.«

13

Danach wandte sich Subhuti an den Buddha: »Wie soll dieses Sutra genannt werden, und wie sollen wir handeln angesichts der Lehren?«

Der Buddha erwiderte: »Dieses Sutra soll *Der Diamant, der die Illusion durchschneidet* genannt werden, denn es hat die Kraft, alle Illusionen und alle Betrübnisse zu durchschneiden und uns zum Ufer der Befreiung zu bringen. Bitte, benutzt diesen Namen und praktiziert in Übereinstimmung mit seiner tiefsten Bedeutung. Warum? Was der Tathagata die höchste, vollkommene Weisheit genannt hat, ist in Wirklichkeit nicht die höchste, vollkommene Weisheit. Und darum ist sie wirklich die höchste, vollkommene Weisheit.«

Buddha fragte: »Was denkst du, Subhuti, gibt es irgendein Dharma, das der Tathagata lehrt?«

Subhuti erwiderte: »Der Tathagata hat nichts zu lehren, Weltverehrter.«

»Was denkst du, Subhuti, gibt es in den dreitausend Chiliokosmen viele Staubteilchen?«

»Weltverehrter, es gibt sehr viele.«

»Subhuti, der Tathagata sagt, dass diese Staubteilchen keine Staubteilchen sind. Darum sind sie wirklich Staubteilchen. Und das, was der Tathagata Chiliokosmen nennt, sind in Wirklichkeit nicht Chiliokosmen. Und darum werden sie Chiliokosmen genannt.

Was denkst du, Subhuti, kann der Tathagata durch die zweiunddreißig Merkmale erfasst werden?«

Der Ehrwürdige Subhuti erwiderte: »Nein, Weltverehrter. Warum? Weil das, was der Tathagata die zweiunddreißig Merkmale nennt, ihrem Wesen nach keine Merkmale sind – darum nennt der Tathagata sie die zweiunddreißig Merkmale.«

»Subhuti, wenn da ein Sohn oder eine Tochter aus guter Familie sein oder ihr Leben als Akt der

Freigebigkeit so oft hingäbe, wie es Sandkörner in der Ganga gibt, und wenn da eine andere Tochter oder ein anderer Sohn aus guter Familie wäre, die oder der dieses Sutra anzunehmen, zu praktizieren und es anderen zu erklären weiß – und sei es nur eine Gatha von vier Zeilen –, so wäre das Glück, das daraus erwächst, weitaus größer.«

14

Als der Ehrwürdige Subhuti diese Worte hörte und ihre Bedeutung tief durchdrang, war er zu Tränen gerührt. Er sagte: »Weltverehrter, du bist wirklich einzigartig in dieser Welt. Niemals habe ich seit dem Tag, da ich, dank der Anleitung des Buddha, das Auge der Weisheit erlangt habe, solch tiefe und wunderbare Lehren wie diese gehört. Weltverehrter, wenn jemand dieses Sutra vernimmt, reines, klares Vertrauen darin entwickelt und Einsicht in seine Wahrheit erlangt, dann wird diese Person einzigartige Tugend verwirklichen. Weltverehrter, diese Einsicht in die Wahrheit ist ihrem Wesen nach keine Einsicht. Darum nennt der Tathagata sie Einsicht in die Wahrheit.

Weltverehrter, für mich ist es heute nicht

schwierig, dieses wundervolle Sutra zu hören, Vertrauen darin zu haben, es zu verstehen, anzunehmen und in die Praxis umzusetzen. Doch wenn es in der Zukunft – in fünfhundert Jahren – eine Person gibt, die dieses Sutra hören kann, die Vertrauen darin hat, es versteht, annimmt und in die Praxis umsetzt, so wird die Existenz einer solchen Person eine seltene und großartige sein. Warum? Weil diese Person nicht beherrscht wird von der Vorstellung von einem Selbst, einer Person, einem Lebewesen oder einer Lebensspanne. Warum? Die Vorstellung von einem Selbst ist keine Vorstellung, und die Vorstellungen von einer Person, einem Lebewesen und einer Lebensspanne sind ebenfalls keine Vorstellungen. Warum? Buddhas werden Buddhas genannt, weil sie frei von Vorstellungen sind.«

Der Buddha sprach zu Subhuti: »Das ist sehr richtig. Wenn jemand dieses Sutra vernimmt und nicht erschrickt oder sich fürchtet, so ist er oder sie außergewöhnlich zu nennen. Warum? Subhuti, was der Tathagata *paramaparamita* nennt höchste Vollkommenheit, ist ihrem Wesen nach nicht höchste Vollkommenheit, und darum wird sie höchste Vollkommenheit genannt.

Subhuti, der Tathagata hat gesagt, dass das, was vollkommene Geduld genannt wird, nicht vollkommene Geduld ist. Darum wird sie vollkommene Geduld genannt. Warum? Subhuti, vor Tausenden von Lebzeiten, als mein Körper von König Kalinga in Stücke gerissen wurde, war ich nicht der Vorstellung von einem Selbst, einer Person, einem Lebewesen oder einer Lebensspanne verhaftet. Wäre ich zu jener Zeit in eine dieser Vorstellungen verstrickt gewesen, so hätte ich dem König gegenüber ein Gefühl des Grolls und des Übelwollens empfunden.

Ich erinnere mich auch, in alten Zeiten, fünfhundert Lebzeiten lang, vollkommene Geduld praktiziert zu haben und nicht in die Vorstellung von einem Selbst, einer Person, einem Lebewesen oder einer Lebensspanne verstrickt gewesen zu sein. Wenn, Subhuti, ein Bodhisattva den unübertrefflichen Geist des Erwachens entwickeln will, muss er alle Vorstellungen aufgeben. Er kann sich nicht auf Form stützen, will er diesen Geist entwickeln, noch auf Klang, Ton, Geruch, Geschmack, Berührbares oder Objekt des Geistes. Nur den Geist kann er entwickeln, der an nichts verhaftet ist.

Der Tathagata hat erklärt, dass alle Vorstellungen Nicht-Vorstellungen sind und alle Lebewesen Nicht-Lebewesen. Subhuti, der Tathagata spricht von den Dingen so, wie sie sind, er sagt, was wahr ist und mit der Wirklichkeit übereinstimmt. Er spricht nicht trügerisch oder um Menschen zu gefallen. Subhuti, wenn wir sagen, dass der Tathagata eine Lehre erkannt und verwirklicht hat, so ist diese Lehre doch weder als wahr noch als trügerisch zu erfassen.

Subhuti, ein Bodhisattva, der noch von Vorstellungen abhängig ist, wenn er sich in Freigebigkeit übt, ist wie jemand, der im Dunkeln umherirrt. Er sieht nichts. Doch ein Bodhisattva, der nicht von Vorstellungen abhängig ist, wenn er sich in Freigebigkeit übt, ist wie jemand, der mit gutem Augenlicht im strahlenden Licht der Sonne einhergeht. Er kann alle Formen und Farben erkennen.

Subhuti, wenn in künftigen Zeiten eine Tochter oder ein Sohn aus gutem Hause die Fähigkeit besitzt, dieses Sutra anzunehmen, es zu lesen und in die Praxis umzusetzen, wird der Tathagata diese Person mit seinem Weisheitsauge sehen. Der Tathagata wird diese Person erkennen, und sie wird die unermessliche, grenzenlose Frucht ihres tugendhaften Handelns ernten.«

15

»Subhuti, wenn da auf der einen Seite eine Tochter oder ein Sohn aus gutem Hause ihr oder sein Leben als Akt der Freigebigkeit am Morgen so viele Male hingäbe, wie es Sandkörner in der Ganga gibt, und es ebenso oft am Nachmittag hingäbe und am Abend und dies durch unendliche Zeiten hindurch fortsetzte – und wenn da auf der anderen Seite eine Person wäre, die dieses Sutra mit vollkommenem Vertrauen und ohne jeden Widerstreit vernimmt, so würde das Glück dieser Person weitaus größer sein. Doch das Glück einer Person, die das Sutra niederschreibt, es annimmt, rezitiert und anderen erklärt, dieses Glück ist unvergleichbar.

Mit anderen Worten, Subhuti, dieses Sutra bringt grenzenlose Tugend und unendliches Glück hervor, die weder vorstellbar noch ermessbar sind. Wenn jemand fähig ist, dieses Sutra anzunehmen, es zu praktizieren, zu rezitieren und mit anderen zu teilen, dann wird der Tathagata diese Person sehen und erkennen, und sie wird unvorstellbare, unbeschreibbare und unvergleichbare Verdienste erlangen. Eine solche Person wird fähig sein, den höchsten, vollkommen erwachten Werdegang des Tathagata auf sich zu nehmen. Warum? Subhuti, wenn sich eine Person mit den begrenzten Lehren zufriedengibt, wenn sie noch in die Vorstellung von einem Selbst, einer Person, einem Lebewesen oder einer Lebensspanne verstrickt ist, dann wird sie nicht imstande sein, dieses Sutra zu hören, es anzunehmen, zu rezitieren und anderen zu erklären. Subhuti, jeder Ort, an dem dieses Sutra bewahrt wird, ist ein Ort, den Götter, Menschen und Asuras aufsuchen, um Opfergaben zu bringen. Ein solcher Ort ist eine heilige Stätte und sollte durch feierliche Zeremonien verehrt werden, er sollte umschritten werden, und Blumen und Räucherwerk sollten dargebracht werden.«

16

»Überdies, Subhuti – wird ein Sohn oder eine Tochter aus guter Familie verachtet und verleumdet, während er oder sie das Sutra rezitiert und praktiziert, so werden die Missetaten, die er oder sie in vergangenen Leben beging – auch solche, die ein übles Schicksal nach sich ziehen könnten –, ausgelöscht, und er oder sie wird die Frucht des höchsten, vollkommen erwachten Geistes erlangen. Subhuti, in alten Zeiten, bevor ich dem Buddha Dipankara begegnete, da opferte und diente ich bereits allen 84000 Myriaden von Millionen von Buddhas. Wenn aber jemand fähig ist, dieses Sutra im letzten Zeitalter aufzunehmen, es zu rezitieren, zu studieren und zu praktizieren, so ist das Glück, das durch dieses tugendhafte Handeln hervorgebracht wird, hunderttausend Male größer als das Glück, das ich in alten Zeiten bewirkt habe. Tatsächlich ist ein solches Glück nicht vorstellbar, und es kann mit nichts verglichen werden, auch durch Zahlen nicht. Solches Glück ist unermesslich.

Subhuti, das Glück, das dem tugendhaften Handeln eines Sohnes oder einer Tochter aus gutem Hause entspringt, der oder die dieses Sutra im letzten Zeitalter annimmt, es rezitiert, studiert und praktiziert, wird so groß sein, dass manche Menschen misstrauisch und ungläubig werden, suchte ich es jetzt in Einzelheiten zu erklären; ihr Geist könnte sich verwirren.

Subhuti, du musst wissen, dass die Bedeutung dieses Sutra jenseits von Gedanken und Worten liegt. Und ebenso liegt die Frucht, hervorgebracht durch das Annehmen und Praktizieren dieses Sutra, jenseits von Gedanken und Worten.«

17

Da wandte sich der Ehrwürdige Subhuti an den Buddha und sagte: »Weltverehrter, darf ich dich erneut fragen: Wenn Töchter oder Söhne aus guter Familie höchsten, vollkommen erwachten Geist zu erwecken suchen, auf was sollen sie sich stützen und was sollen sie tun, um ihr Denken zu beherrschen?«

Der Buddha erwiderte: »Subhuti, ein Sohn oder eine Tochter aus guter Familie, der oder die höchsten, vollkommen erwachten Geist zu erwecken sucht, sollte folgendermaßen denken: ›Wir müssen alle Wesen zum Ufer des Erwachens führen, doch nachdem diese Wesen befreit sind, denken wir in Wirklichkeit nicht, dass auch nur ein einziges Wesen befreit ist.‹ Warum ist das so? Subhuti, wenn ein Bodhisattva noch in die Vorstellung von einem Selbst, einer Person, einem Lebewesen oder einer Lebensspanne verstrickt ist, dann ist diese Person kein echter Bodhisattva. Warum?

Subhuti, in Wirklichkeit gibt es kein unabhängig existierendes Objekt des Geistes, das höchster, vollkommen erwachter Geist genannt wird. Was meinst du, Subhuti? Als der Tathagata in alten Zeiten mit dem Buddha Dipankara lebte, erlangte er da etwas, das höchster, vollkommen erwachter Geist heißt?«

»Nein, Weltverehrter. Wenn ich die Lehren des Buddha richtig verstanden habe, gibt es kein Erlangen von etwas, das höchster, vollkommen erwachter Geist heißt.«

Der Buddha sagte: »Du hast recht, Subhuti. In Wirklichkeit gibt es den sogenannten höchsten, vollkommen erwachten Geist, den der Tathagata erlangt hat, nicht. Wenn es nämlich einen solchen gäbe, dann hätte der Buddha Dipankara nicht von mir vorausgesagt: ›In der Zukunft wirst du ein Buddha namens Shakyamuni sein.‹ Diese Prophezeiung erfolgte, weil es in Wirklichkeit nichts gibt, das erlangt werden kann und das höchster, vollkommen erwachter Geist heißt. Warum? Tathagata bedeutet die Soheit aller Dinge (Dharmas). Würde jemand behaupten, der Tathagata habe höchsten, vollkommen erwachten Geist erlangt, so irrte er, denn es gibt keinen höchsten, vollkommen erwachten Geist, der zu erlangen wäre. Subhuti, der höchste, vollkommen erwachte Geist, den der Tathagata erlangt hat, ist weder erfassbar noch nicht erfassbar. Daher hat der Tathagata gesagt: ›Alle Dharmas sind Buddhadharma.‹ Das, was alle Dharmas genannt wird, sind in Wirklichkeit alles Nicht-Dharmas. Darum werden sie alle Dharmas genannt.

Subhuti, man kann dies vergleichen mit der Vorstellung von einem großen menschlichen Körper.«

Subhuti sagte: »Was der Tathagata einen großen menschlichen Körper nennt, ist in Wirklichkeit nicht ein großer menschlicher Körper.«

»Subhuti, das Gleiche gilt für Bodhisattvas. Wenn ein Bodhisattva denkt, dass er alle Lebewesen zu befreien habe, dann ist er noch kein Bodhisattva. Warum? Subhuti, es gibt kein unabhängig existierendes Objekt des Geistes, das Bodhisattva heißt. Daher hat der Buddha erklärt, dass alle Dharmas ohne ein Selbst, eine Person, ein Lebewesen oder eine Lebensspanne sind. Subhuti, wenn ein Bodhisattva denkt: ›Ich muss ein harmonisches, schönes Buddha-Feld schaffen‹, dann ist diese Person noch kein Bodhisattva. Warum? Das, was der Tathagata ein harmonisches, schönes Buddha-Feld nennt, ist in Wirklichkeit nicht ein harmonisches, schönes Buddha-Feld. Und darum wird es harmonisches, schönes Buddha-Feld genannt. Subhuti, jeder Bodhisattva, der das Prinzip von Nicht-Selbst und Nicht-Dharma von Grund auf versteht, wird von dem Tathagata als wahrer Bodhisattva bezeichnet.«

18

»Subhuti, was denkst du, besitzt der Tathagata das menschliche Auge?«

Subhuti erwiderte: »Ja, Weltverehrter, der Tathagata besitzt das menschliche Auge.«

Der Buddha fragte: »Subhuti, was denkst du, besitzt der Tathagata das göttliche Auge?«

Subhuti sagte: »Ja, Weltverehrter, der Tathagata besitzt das göttliche Auge.«

»Subhuti, was denkst du, besitzt der Tathagata das Auge der Einsicht?«

Subhuti erwiderte: »Ja, Weltverehrter, der Tathagata besitzt das Auge der Einsicht.«

»Subhuti, was denkst du, besitzt der Tathagata das Auge der vollkommenen Weisheit?«

»Ja, du von aller Welt Verehrter, der Tathagata besitzt das Auge der vollkommenen Weisheit.«

Der Buddha fragte: »Besitzt der Tathagata das Buddha-Auge?«

»Ja, Weltverehrter, der Tathagata besitzt das Buddha-Auge.«

»Subhuti, was meinst du, betrachtet der Buddha den Sand in der Ganga als Sand?«

Subhuti sagte: »Weltverehrter, auch der Tathagata nennt ihn Sand.«

»Subhuti, wenn es so viele Ganga-Ströme gäbe, wie es Sandkörner in der Ganga gibt, und wenn es für jedes dieser Sandkörner in allen Ganga-Strömen ein Buddha-Land gäbe, wären diese Buddha-Länder dann zahlreich?«

»Ja, Weltverehrter, sie wären sehr zahlreich.«

Der Buddha sagte: »Subhuti, wie viele Lebewesen es auch in all diesen Buddha-Ländern geben mag und wiewohl sie alle verschiedene Mentalitäten haben, der Tathagata versteht sie alle. Warum ist das so? Subhuti, das, was der Tathagata verschiedene Mentalitäten nennt, sind in Wirklichkeit nicht verschiedene Mentalitäten. Und darum werden sie verschiedene Mentalitäten genannt.

Warum? Subhuti, der vergangene Geist kann nicht erfasst werden noch der gegenwärtige oder der zukünftige Geist.«

19

»Was meinst du, Subhuti, wenn jemand die dreitausend Chiliokosmen als Akt der Freigebigkeit mit kostbaren Schätzen füllen würde, könnte diese Person durch ihr tugendhaftes Handeln großes Glück bewirken?«

»Ja, sehr großes, Weltverehrter.«

»Subhuti, wäre dieses Glück als etwas zu betrachten, das unabhängig und eigenständig von allem anderen existiert, dann hätte der Tathagata nicht gesagt, dass es groß ist; doch weil es unfassbar ist, hat der Tathagata gesagt, dass das tugendhafte Handeln dieser Person großes Glück hervorgebracht hat.«

20

»Subhuti, was denkst du, kann der Tathagata an seinem vollkommen gestalteten Körper erkannt werden?«

»Nein, du von aller Welt Verehrter, das, was der Tathagata einen vollkommen gestalteten Körper nennt, ist in Wirklichkeit nicht ein vollkommen gestalteter Körper. Und darum wird er vollkommen gestalteter Körper genannt.«

»Was meinst du, Subhuti, kann der Tathagata an seiner vollkommen gestalteten äußeren Erscheinung erkannt werden?«

»Nein, Weltverehrter. Es ist unmöglich, den Tathagata an einer vollkommen gestalteten äußeren Erscheinung zu erkennen. Warum? Weil das, was der Tathagata eine vollkommen gestaltete äußere Erscheinung nennt, in Wirklichkeit nicht eine vollkommen gestaltete äußere Erscheinung ist. Und darum wird sie vollkommen gestaltete äußere Erscheinung genannt.«

21

»Subhuti, behaupte nicht, der Tathagata hege die Vorstellung: ›Ich werde eine Belehrung geben.‹ Denke nicht in dieser Weise. Warum? Wenn jemand sagt, der Tathagata habe etwas zu lehren, so verleumdet diese Person den Buddha, denn sie versteht nicht, was ich sage. Subhuti, einen Dharma-Vortrag zu halten bedeutet in Wirklichkeit, dass kein Vortrag gehalten wird. Das ist wahrhaft ein Dharma-Vortrag.«

Daraufhin wandte sich der Ehrwürdige Subhuti an den Buddha: »Weltverehrter, in der Zukunft wird es Lebewesen geben, die vollkommenes Vertrauen empfinden, wenn sie diese Worte vernehmen.«

Der Buddha sagte: »Subhuti, solche Lebewesen sind weder Lebewesen noch Nicht-Lebewesen. Warum? Subhuti, das, was der Tathagata Nicht-Lebewesen nennt, sind wahrhaft Lebewesen.«

22

Subhuti fragte den Buddha: »Weltverehrter, ist der höchste, vollkommen erwachte Geist, den der Buddha erlangt hat, das Nicht-Erlangbare?«

Der Buddha sagte: »Das ist richtig, Subhuti. Bezüglich des höchsten, vollkommen erwachten Geistes habe ich überhaupt nichts erlangt. Und darum wird er der höchste, vollkommen erwachte Geist genannt.«

23

»Darüber hinaus, Subhuti, ist dieser Geist überall gleich. Weil er weder hoch noch niedrig ist, heißt er der höchste, vollkommen erwachte Geist. Die Frucht des höchsten, vollkommen erwachten Geistes wird durch die Übung aller heilsamen Handlungen verwirklicht im Geiste von Nicht-Selbst, Nicht-Person, Nicht-Lebewesen und Nicht-Lebensspanne. Subhuti, das, was heilsame Handlungen genannt werden, sind in Wirklichkeit nicht heilsame Handlungen. Und darum werden sie heilsame Handlungen genannt.«

24

»Subhuti, wenn jemand die dreitausend Weltsysteme als Akt der Freigebigkeit mit einer Menge der sieben kostbaren Schätze füllen würde, die so hoch ist wie der Berg Sumeru, so wäre das Glück, das daraus entspringt, weit geringer als das einer anderen Person, die das *Vajracchedika Prajnaparamita-Sutra* annimmt, es praktiziert und anderen erklärt. Das Glück, das durch die Tugend einer Person hervorgebracht wird, die dieses Sutra praktiziert – und sei es nur eine Gatha von vier Zeilen –, kann nicht durch Beispiele oder Zahlen beschrieben werden.«

25

»Subhuti, sage nicht, der Tathagata hege die Vorstellung: ›Ich will die Lebewesen zum Ufer der Befreiung bringen.‹ Denke nicht in dieser Weise, Subhuti. Warum? In Wirklichkeit gibt es für den Tathagata kein einziges Wesen, das zum anderen Ufer zu bringen wäre. Würde der Tathagata meinen, dass es ein solches Wesen gebe, so wäre er der Vorstellung von einem Selbst, einer Person, einem Lebewesen oder einer Lebensspanne verhaftet. Subhuti, das, was der Tathagata ein Selbst nennt, hat seinem Wesen nach kein Selbst in dem Sinne, in dem gewöhnliche Menschen denken, dass es ein Selbst gebe. Subhuti, für den Tathagata ist niemand ein gewöhnlicher Mensch. Und darum kann er sie gewöhnliche Menschen nennen.«

26

»Was meinst du, Subhuti? Kann man über den Buddha meditieren mit Hilfe der zweiunddreißig Merkmale?«

Subhuti sagte: »Ja, Weltverehrter. Wir sollten

die zweiunddreißig Merkmale benutzen, um über den Tathagata zu meditieren.«

Der Buddha sprach: »Wenn du sagst, du kannst die zweiunddreißig Merkmale benutzen, um den Tathagata zu sehen, ist dann der Cakravartin ebenfalls ein Tathagata?«

Subhuti sagte: »Weltverehrter, ich verstehe deine Belehrung. Man sollte nicht die zweiunddreißig Merkmale benutzen, um über den Tathagata zu meditieren.«

Da sprach der Weltverehrte diesen Vers:

Wer nach mir in der Form sucht
oder mich im Klang sucht,
ist auf einem falschen Weg
und kann den Tathagata nicht sehen.

27

»Subhuti, wenn du denkst, der Tathagata verwirkliche den höchsten, vollkommen erwachten Geist und brauche all diese Merkmale nicht, so irrst du. Subhuti, denke nicht in dieser Weise. Denke nicht, dass jemand, der den höchsten, vollkommen erwachten Geist in sich erweckt, alle Objekte des Geistes als nicht-existent, als vom Leben abgeschnitten, betrachten müsse. Bitte, denke nicht in dieser Weise. Jemand, der den höchsten, vollkommen erwachten Geist in sich erweckt, behauptet nicht, dass alle Objekte des Geistes nichtexistent und vom Leben abgetrennt seien.«

28

»Subhuti, wenn ein Bodhisattva die dreitausend Chiliokosmen als Akt der Freigebigkeit mit so vielen der sieben kostbaren Schätze füllen würde, wie es Sandkörner in der Ganga gibt, so ist das Glück, das durch dieses tugendhafte Handeln hervorgebracht wird, dennoch geringer als das Glück, das eine Person bewirkt, die die Wahrheit verstanden und uneingeschränkt angenommen hat; sie weiß, dass alle Dharmas ohne Selbst sind, und ist fähig, diese Wahrheit vollkommen zu leben und zu ertragen. Warum ist das so, Subhuti? Weil ein Bodhisattva Tugend und Glück nicht zu entfalten braucht.«

Subhuti fragte den Buddha: »Was meinst du damit, Weltverehrter, wenn du davon sprichst, dass ein Bodhisattva Tugend und Glück nicht zu entfalten braucht?«

»Subhuti, ein Bodhisattva bewirkt Tugend und Glück, ist aber der Vorstellung von Tugend und Glück nicht verhaftet. Und darum hat der Tathagata gesagt, dass ein Bodhisattva Tugend und Glück nicht zu entfalten braucht.«

29

»Subhuti, wenn jemand sagt, der Weltverehrte komme, gehe, sitze und liege, so hat diese Person nicht verstanden, was ich gesagt habe. Warum? Die Bedeutung von Tathagata ist: ›Der von nirgendwoher kommt und nirgendwohin geht‹. Und darum wird er ein Tathagata genannt.«

30

»Subhuti, wenn eine Tochter oder ein Sohn aus gutem Hause die dreitausend Chiliokosmen zu Staubteilchen zermahlen würde, glaubst du, es wären dann viele Staubteilchen?«

Subhuti erwiderte: »Weltverehrter, es wären in der Tat sehr viele. Warum? Wenn Staubteilchen eine wirkliche Selbst-Existenz besäßen, würde der Buddha sie nicht Staubteilchen genannt haben.

Das, was der Buddha Staubteilchen nennt, sind ihrem Wesen nach keine Staubteilchen. Und darum können sie Staubteilchen genannt werden. Weltverehrter, das, was der Tathagata die dreitausend Chiliokosmen nennt, sind keine Chiliokosmen. Und darum werden sie Chiliokosmen genannt. Warum? Chiliokosmen sind eine Verbindung von Teilchen unter der Bedingung, dass sie zu einem Objekt verdichtet sind. Das, was der Tathagata eine Verbindung nennt, ist ihrem Wesen nach keine Verbindung. Und darum wird sie Verbindung genannt.«

»Subhuti, sprechen wir von Verbindung, so ist das nur eine herkömmliche Redeweise. Sie hat keine reale Grundlage. Nur gewöhnliche Menschen verstricken sich in herkömmliche Begriffe.«

31

»Subhuti, wenn jemand sagt, der Buddha habe von der Auffassung von einem Selbst, der Auffassung von einer Person, der Auffassung von einem Lebewesen oder der Auffassung von einer Lebensspanne gesprochen, hat diese Person die Bedeutung meiner Lehre verstanden?«

»Nein, Weltverehrter. Eine solche Person hat den Tathagata nicht verstanden. Warum? Das, was der Tathagata eine Auffassung von einem Selbst, eine Auffassung von einer Person, eine Auffassung von einem Lebewesen oder eine Auffassung von einer Lebensspanne nennt, ist ihrem Wesen nach nicht die Auffassung von einem Selbst, von einer Person, von einem Lebewesen oder von einer Lebensspanne. Und deshalb wird sie Auffassung von einem Selbst, Auffassung von einer Person, Auffassung von einem Lebewesen oder Auffassung von einer Lebensspanne genannt.«

»Subhuti, eine Person, die höchsten, vollkommen erwachten Geist in sich erweckt, sollte wissen, dass dies für alle Dharmas wahr ist, dass alle Dharmas dieser Art sind; sie sollte Vertrauen haben, alle Dharmas zu verstehen, ohne jede Vorstellung von Dharmas. Subhuti, der Tathagata hat gesagt, dass das, was Vorstellung von Dharmas genannt wird, nicht eine Vorstellung von Dharmas ist. Und darum wird sie Vorstellung von Dharmas genannt.«

32

»Subhuti, wenn jemand als Akt der Freigebigkeit eine unermessliche Menge der sieben Schätze opfern würde, um die Welten, die so unendlich wie der Raum sind, damit zu füllen, so wäre das Glück, das diesem tugendhaften Handeln entspringt, nicht so groß wie das Glück, das von einer Tochter oder einem Sohn aus guter Familie herrührt, die oder der den erwachten Geist in sich erweckt, dieses Sutra liest, rezitiert, versteht, in die Praxis umsetzt und anderen erklärt – und sei es nur eine Gatha von vier Zeilen. In welchem Geist ist diese Erklärung zu geben? Ohne sich in Zeichen zu verstricken, gemäß den Dingen, so wie sie sind, und ohne Aufgeregtheit. Warum?

Alle zusammengesetzten Dinge
sind wie ein Traum,
ein Phantom, ein Tautropfen, ein Blitz.
So meditiert man über sie,
so betrachtet man sie.«

Nachdem der Ehrwürdige Subhuti, die Bhikkhus und Bhikkhunis, Laienanhänger und Laienanhängerinnen, Götter und Asuras die Rede des Buddha vernommen hatten, waren sie alle voller Freude und Vertrauen und verpflichteten sich, diese Lehren in die Praxis umzusetzen.

Die Kommentare

Erster Teil

Die Dialektik der Prajnaparamita

1
Der Rahmen

So habe ich gehört:

Zu jener Zeit weilte der Buddha im Jetavana-Kloster im Park des Anathapindika in der Nähe von Sravasti; mit ihm waren 1250 Bhikkhus, vollordinierte Mönche.

Im ersten Abschnitt des Sutras wird uns berichtet, dass der Buddha diese Rede vor 1250 Mönchen hielt. Es wird nicht gesagt, dass sich unzählige Bodhisattvas aus den verschiedenen Welten versammelt hätten, um den Buddha zu hören. Dieses Detail zeigt, dass *Der Diamant, der die Illusion durchschneidet* zu den frühen Prajnaparamita-Sutras gehört. Und obgleich der Buddha in diesem Sutra von Bodhisattvas spricht, bestand die Zuhörerschaft damals fast gänzlich aus Sravakas, aus seinen edlen Schülern.

Als an diesem Tag die Zeit der Almosenrunde gekommen war, legte der Buddha seine Mantelrobe an, nahm seine Schale und ging in die Stadt Sravasti. Dort schritt er von Haus zu Haus und bettelte um Almosen. Danach kehrte er zum Kloster zurück, um sein Mittagsmahl einzunehmen. Schließlich legte er seine Mantelrobe ab, stellte die Schale beiseite, wusch seine Füße, richtete sein Kissen und setzte sich nieder.

Die Mönche im Anathapindika-Kloster gingen dieser Tätigkeit, wie es in allen Klöstern des Buddha üblich war, tagtäglich nach. Der Buddha lehrte seine Mönche und Nonnen, während der Almosenrunde nicht zwischen armen und reichen Häusern zu unterscheiden, sondern einfach von einer Behausung zur nächsten zu gehen. Das Erbetteln von Almosen ist ein Weg, den Geist der Nicht-Unterscheidung zu pflegen; es bietet die Möglichkeit, mit Menschen aus den verschiedensten gesellschaftlichen Klassen in Berührung zu sein und sie in den Übungen und Lehren des Buddha zu unterweisen. Selbst wenn ein Mönch weiß, dass die Menschen in einem bestimmten Haus unfreundlich sind und ihm kein Essen geben werden, so muss er doch auch zu diesem Haus gehen und für einige Minuten dort stehenbleiben; erst dann darf er zum nächsten Haus weitergehen.

2
Subhutis Frage

Da erhob sich der Ehrwürdige Subhuti, entblößte seine rechte Schulter, beugte sein Knie zum Boden, legte ehrerbietig seine Handflächen zusammen und sprach zu dem Buddha: »Du von aller Welt Verehrter, äußerst selten nur begegnet man jemandem wie dir. Du gewährst den Bodhisattvas stets Unterstützung und zeigst dein besonderes Vertrauen zu ihnen.«

Subhuti, der Schüler, beginnt seine Rede, indem er seinen Lehrer preist und ihm dann eine wichtige Frage stellt. Er sagt, dass es äußerst selten sei, jemandem wie dem Buddha zu begegnen, einem, der den Bodhisattvas stets Unterstützung gewährt und zeigt, dass er ihnen besonderes Vertrauen entgegenbringt.

Bodhisattvas sind mitfühlende Menschen, deren Absicht es ist, ihr Leiden und das Leiden ihrer Mitmenschen zu lindern. Genauso, wie der vietnamesische Student, der sich fortwährend darum bemüht, erfolgreich zu sein, damit er für seine Eltern und Geschwister, die noch in Vietnam leben, sorgen kann, so praktizieren auch die Bodhisattvas nicht nur für sich selbst, sondern für ihre Familien, ihre Gemeinschaften und die ganze Gesellschaft. Ein vietnamesischer Schüler, der in Bordeaux lebt, hat auf seinem Schreibtisch ein Zeichen angebracht, das besagt: »Ich beiße meine Zähne zusammen, um meine Ziele zu erreichen.« Es gibt so viele Versuchungen und Ablenkungen, und er weiß, dass er die Hoffnungen und Erwartungen seiner Eltern zerstören wird, wenn er auch nur einer von ihnen nachgeben wird. Aufgrund seiner festen Entschlossenheit ist er wie ein Bodhisattva, er ist wie diejenigen, die den Weg der Übung gehen. Treffen wir einen Menschen wie diesen jungen Schüler, dann steigt in uns Mitgefühl auf. Wir wollen ihm helfen, ihn unterstützen. Es ist Energieverschwendung, die zu unterstützen, die nur für sich selbst leben und andere vergessen. Darum schenkt der Buddha denen besondere Aufmerksamkeit, die den Geist und das Herz eines Bodhisattva haben, und er gewährt ihnen Unterstützung und Fürsorge. Dies geschieht nicht, weil er unterscheidet, sondern weil er weiß, dass dies eine gute Anlage ist.

Ich setze mich stets für junge Menschen ein; nicht, weil ich ältere Menschen diskriminiere, aber in meinem Land ist der Geist älterer Menschen nach vielen langen und schmerzvollen Kriegen verwundet und verwirrt, und es ist sicherer, in die Jugend zu investieren. Unser Volk ist nicht mehr so schön wie in der Vergangenheit. Es gibt so viel Argwohn, Hass und Missverstehen. Unkraut und Dornen sind überall aus dem Boden des Geistes emporgewuchert. Säen wir nun in solch einen ausgelaugten Boden gesunde Samen, so werden vielleicht einige keimen, säen wir aber dieselben Samen in den fruchtbaren Geist junger Menschen, in einen Geist, der nur von wenigen Kriegswunden gezeichnet ist, so werden die meisten Wurzeln schlagen. Das ist eine gute Investition. Natürlich müssen wir auch die älteren Menschen unterstützen, doch da unsere Zeit und unsere Energie begrenzt sind, ist es unsere vordringlichste Aufgabe, die Samen in den Boden auszusäen, der fruchtbar ist.

Im *Pali-Kanon* fragt ein Laienanhänger den Buddha, warum er den Nonnen und Mönchen mehr Fürsorge und Aufmerksamkeit zukommen lasse als den Laien. Der Buddha antwortet ihm, dass er dies tue, da die Nonnen und Mönche all ihre Zeit und Energie der Übung des Weges widmen. Ihr spirituelles Land ist fruchtbarer und reicher, so dass der Buddha seine Zeit vorzugsweise dafür verwendet, dieses zu pflegen. Subhuti, ein älterer Mönch, der den Titel *Mahathera*, »Großer Älterer«, trägt, bemerkt, dass der Buddha den Bodhisattvas besondere Aufmerksamkeit schenkt, und er befragt ihn deswegen. Der Buddha bestätigt, dass er denen besondere Unterstützung gewährt, die entschlossen sind, allen Lebewesen zu helfen, und dass er ihnen auch sehr viel Verantwortung einräumt.

»Weltverehrter, wenn Söhne und Töchter aus guten Familien höchsten, vollkommen erwachten Geist zu erwecken suchen, auf was sollen sie sich stützen und was sollen sie tun, um ihr Denken zu beherrschen?«

Der Buddha antwortete: »Gut gesprochen, Subhuti! Was du gesagt hast, ist vollkommen richtig. Der Tathagata gewährt den Bodhisattvas fortwährend Unterstützung und zeigt sein besonderes Vertrauen zu ihnen. Bitte, höre nun zu, mit deiner ganzen Aufmerksamkeit, der Tathagata wird dir deine Frage beantworten. Wenn Töchter und Söhne aus guten

Familien höchsten, vollkommen erwachten Geist zu erwecken suchen, so sollen sie sich auf das Folgende stützen und ihr Denken auf die folgende Weise zu beherrschen lernen.«

Der Ehrwürdige Subhuti sagte: »Herr, wir sind glücklich, deine Lehren vernehmen zu können«

Bodhi bedeutet »erwachen«, und *sattva* bedeutet »Lebewesen«. Ein Bodhisattva ist also ein erwachtes Wesen, das anderen Wesen hilft zu erwachen. Menschen sind nur eine Art von Lebewesen. Auch andere Lebewesen haben die Möglichkeit zu erwachen. Betreten wir den Weg des Erwachens, so ist unser Geist entschlossen zu praktizieren. Erwecken wir in uns den Geist eines Bodhisattva, das heißt, öffnen wir unseren Geist für das tiefste Verstehen und die größte Fähigkeit, anderen zu helfen, wo kann unser Geist da Zuflucht nehmen und wie können wir unser Denken beherrschen. Das *Diamant-Sutra* ist eine Antwort auf diese Frage.

3
Der erste Blitzstrahl

Der Buddha sprach zu Subhuti: »Auf diese Weise beherrschen die Bodhisattva-Mahasattvas ihr Denken: ›Wie viele Arten von Lebewesen es auch geben mag – ob aus einem Ei oder einem mütterlichen Schoß geboren, aus Feuchtigkeit entstanden oder aus sich selbst heraus; ob diese Wesen nun Form haben oder keine Form, Wahrnehmungen haben oder keine Wahrnehmungen; oder ob von ihnen nicht gesagt werden kann, ob sie Wahrnehmungen haben oder nicht –, wir müssen all diese Wesen zum endgültigen, vollständigen Nirvana führen, damit sie Befreiung finden können.‹«

Das Wort *maha* bedeutet »groß«; *mahasattva* bezeichnet also ein »großes Wesen«. Befreiung bedeutet hier *Nirvana* erreichen; »Ausgelöschtheit«, d. i. ein friedvoller, freudiger Zustand, in dem alle Ursachen des Leidens entwurzelt und wir vollkommen frei sind. Die Mahasattvas nehmen das große Gelöbnis auf sich, das Leiden aller Lebewesen zu lindern und alle zum absoluten Nirvana zu führen, wo sie endgültigen Frieden und vollkommene Freude verwirklichen können. Absolutes Nirvana wird auch »Nirvana ohne Rest an Leiden« genannt, verglichen mit einem Nirvana, das noch einen Rest an Leiden enthält. Einige Kommentatoren sagen dazu, das Nirvana, das noch einen gewissen Rest an Leiden enthält, sei ein Zustand, in dem die fünf Daseinsgruppen (Körper, Empfindungen, Wahrnehmungen, Geistesregungen und Bewusstsein) noch existieren. Sie betrachten den Körper als einen Rest der Leiden aus früheren Leben. Nach unserem Tod, so sagen sie, zerfallen die fünf Daseinsgruppen vollständig; wir erreichen »Nirvana ohne Rest an Leiden«, und wir hinterlassen keine Spur.

Ich kann diesen Erklärungen nicht vollkommen zustimmen. Es ist wahr: Wenn wir die Ursachen des Leidens beseitigen und umwandeln, dann bewirken wir kein neues Leiden in der Zukunft. Doch das, was lange Zeit existiert hat, hat auch, nachdem es abgeschnitten wurde, noch eine Energie, die für eine Weile fortdauert, bis sie vollständig erstirbt. Schalten wir einen Ventilator aus, so drehen sich die Blätter noch eine Zeitlang weiter, obwohl der Strom nicht mehr fließt. Selbst wenn die Ursache beseitigt ist, wird die Wirkung dieser vergangenen Ursache noch eine Weile fortdauern. Für den Rest an Leiden gilt das Gleiche. Das Schaffen neuer Ursachen des Leidens endet, nicht aber die fünf Daseinsgruppen. Eines Tages schleuderte Devadatta einen Stein auf den Buddha und verletzte ihn am Fuß. Der Buddha schuf kein neues Karma mehr, doch er erfuhr diese karmische Wirkung als Resultat einer vergangenen Handlung, von der noch immer einige Energie weiterwirkte, bis sie zur Ruhe kommen konnte. Das bedeutet aber nicht, dass der Buddha nach seinem Tod nicht vollständiges Verlöschen verwirklicht hätte.

Die Mahayana-Sutras sprechen davon, dass die Bodhisattvas auf den Wellen von Geburt und Tod dahinziehen. Obwohl es Geburt und Tod gibt, werden sie davon nicht überschwemmt. Die Bodhisattvas reisen auf dem Meer von Geburt und Tod, und gleichzeitig sind sie in vollständigem Nirvana, einem Nirvana ohne jeden Rest an Leiden – nicht in einem unvollständigem Nirvana, das noch gewisse Reste an Leiden enthält. Obgleich ihre Körper existieren und sie auf den Wellen von Geburt und Tod dahinziehen, leiden sie nicht. Die Leidensreste im unvollständigen Nirvana liegen also nicht in den fünf Daseinsgruppen begründet. Es handelt sich vielmehr um ein Leiden, das als die karmische Wirkung vergangener Handlungen übriggeblieben ist.

»Wie viele Arten von Lebewesen es auch geben mag ob aus einem Ei oder einem mütterlichen Schoß geboren, aus Feuchtigkeit entstanden oder aus sich selbst heraus; ob diese Wesen nun Form haben oder keine Form, Wahrnehmungen haben oder keine Wahrnehmungen; oder ob von ihnen nicht gesagt werden kann, ob sie Wahrnehmungen haben oder nicht –, wir müssen all diese Wesen zum endgültigen, vollständigen Nirvana führen, damit sie Befreiung finden können.«

Dieser Satz erläutert das Große Bodhisattva-Gelöbnis; ein Gelöbnis, das die Voraussetzung dafür ist, ein Bodhisattva zu werden, ein erwachtes Wesen, eine Person, für die das Werk der Erleuchtung Lebenswerk ist; eine Person, die ein Großes Wesen genannt werden kann, eine Person, der der Buddha besondere Unterstützung und Aufmerksamkeit zukommen lässt. Dieses Gelöbnis ist nicht nur die grundlegende, sondern auch die wesentliche Bedingung für ein Leben als Bodhisattva. Sie ist das Fundament des höchsten, des vollkommensten Wunsches eines Bodhisattva.

Wenn wir diesen Abschnitt lesen, müssen wir uns selbst betrachten und fragen: »Hat dieses Gelöbnis überhaupt eine Beziehung zu meinem Leben und dem Leben meiner Gemeinschaft? Praktizieren wir für uns oder für andere? Wollen wir nur unser Leiden entwurzeln, oder sind wir entschlossen, uns zu schulen und zu üben, um anderen Lebewesen Glück zu bringen?«

Betrachten wir uns auf diese Weise, können wir sehen, ob wir zu den Bodhisattvas gehören, an die der Buddha sich wendet, ob wir zu denen gehören, die er unterstützt und fördert. Üben und schulen wir uns mit dem Herzen eines Bodhisattva, werden wir nicht mehrere Jahre warten müssen, bis andere das bemerken. Sie sehen es sofort; sie erkennen es daran, wie wir eine Katze, eine Raupe oder eine Schnecke behandeln. Wenn wir Geschirr abwaschen, legen wir dann die Essensreste beiseite, um die Vögel damit zu füttern? Diese Art von Handlungen, und seien sie noch so bescheiden, zeigen unsere Liebe für alle Lebewesen. Das große Herz eines Bodhisattva-Mahasattvas wird im täglichen Leben sichtbar. Und während wir über die Taten der Bodhisattvas in den Mahayana-Sutras nachlesen, sollten wir uns gleichzeitig darin üben, uns zu betrachten – zu sehen, wie wir Tee trinken, unser Essen zu uns nehmen, den Abwasch machen oder uns um unseren Garten kümmern. Beobachten wir uns auf diese Weise, werden wir erkennen, ob wir das Verstehen und die Weisheit eines Bodhisattva besitzen, und auch unsere Freundinnen und Freunde werden es wissen.

Die Lebewesen, von denen dieses Sutra spricht, sind keine uns fernen, fremden Wesen. Sie sind unsere Brüder und Schwestern, mit denen wir das Dharma studieren und praktizieren. Auch sie erleben Freude und Schmerz, und wir müssen sie wahrnehmen und offen für sie sein. Empfinden wir uns nur als eine unabhängige Insel, indem wir zwar in einer Gemeinschaft leben, diese Gemeinschaft aber nicht wahrnehmen oder mit ihr lächeln, so üben wir nicht als Bodhisattvas. Neben unseren Dharma-Brüdern und -Schwestern gibt es dann noch die verschiedenen Tierarten, die Pflanzen im Garten und die Sterne am Himmel. Dieses Sutra bezieht alle mit ein und erklärt, dass alle mit unserem täglichen Leben und unserer Übung in

Verbindung stehen. Sind wir achtsam, so werden wir das erkennen.

»Und wenn die nicht zu zählende, unermessliche, unendlich große Anzahl der Wesen befreit ist, denken wir nicht, dass auch nur ein einziges Wesen befreit ist.«

Das ist der erste Blitzstrahl. Der Buddha dringt sofort zum Herzen der Prajnaparamita vor – er zeigt uns das Prinzip der Nicht-Form. Er erklärt, dass ein getreulich Übender allen Wesen in einer natürlichen, ungezwungenen Weise hilft, dass er nicht unterscheidet zwischen der Person, die hilft, und der, der geholfen wird. Wird unsere linke Hand verletzt, so kümmert sich unsere rechte sofort um sie. Sie hält nicht inne und sagt: »Ich kümmere mich um dich. Mein Mitgefühl wird dir zugute kommen.« Die rechte Hand weiß sehr gut, dass die linke Hand auch die rechte ist. Es gibt keinen Unterschied zwischen ihnen. Das ist das Prinzip der wechselseitigen Durchdringung, der Verwobenheit und Abhängigkeit aller Dinge. »Dies ist, weil jenes ist.« Gibt es dieses Verstehen – die rechte Hand hilft der linken in einer Weise der

Nicht-Form –, dann ist eine Unterscheidung zwischen rechter und linker Hand überflüssig geworden.

Für einen oder eine Bodhisattva ist das Helfen so natürlich wie das Atmen. Leidet ihr Bruder, so kümmert sie sich um ihn und sorgt für ihn. Sie denkt nicht, dass sie ihm helfen muss, um damit das Dharma zu praktizieren oder weil ihr Lehrer es ihr gesagt hat. Es ist nicht nötig, dass wir den Gedanken haben zu helfen. Wir spüren das Bedürfnis und die Notwendigkeit, es zu tun – also tun wir es. Das ist einfach zu verstehen. Handeln wir in diesem Geist der Nicht-Form, werden wir später nicht sagen: »Als mein Bruder krank war, habe ich mich jeden Tag um ihn gekümmert. Ich habe ihm Suppe gekocht und noch viel mehr Dinge für ihn getan. Und jetzt ist er überhaupt nicht dankbar.« Sprechen wir in dieser Weise, haben wir im Geist der Form gehandelt. Und damit sind unsere Taten gemäß den Prajnaparamita-Lehren keine guten Taten. Nicht-Form ist etwas ganz Konkretes, das wir hier und jetzt in die Praxis umsetzen können.

Wenn in eurer Gemeinschaft jemand faul ist und nicht schwer arbeitet, während alle anderen viel arbeiten, denkt ihr vielleicht: »Diese Person ist so schrecklich. Sie bleibt in ihrem Zimmer und hört Musik, während ich so viel arbeiten muss.« Je mehr ihr über sie nachdenkt, desto unbehaglicher fühlt ihr euch. In diesem Zustand bringt eure Arbeit weder euch noch irgendjemand anderem Glück. Ihr solltet aber fähig sein, zu genießen, was ihr tut. Warum sollte eure Arbeit durch die Abwesenheit einer Person beeinträchtigt werden? Unterscheidet ihr während eurer Arbeit nicht zwischen der Person, die die Arbeit verrichtet, und der, die es nicht tut, so handelt ihr wahrhaft im Geist der Nicht-Form. Wir können die Praxis der Prajnaparamita auf jeden Aspekt unseres Lebens beziehen. Wir können das Geschirr abwaschen oder das Badezimmer reinigen – genau so, wie unsere rechte Hand unserer linken einen Verband anlegt – ohne Unterscheidung.

Wenn der Buddha sagt: »Und wenn die nicht zu zählende, unermessliche, unendlich große Anzahl der Wesen befreit ist, denken wir nicht, dass auch nur ein einziges Wesen befreit ist«, so sind das keine leeren Worte. Der Buddha ermutigt uns, alle Lebewesen zu unterstützen und zu lieben. Es wäre wundervoll, wenn die Menschen, die den

Buddhismus studieren, diesen einen Satz verstünden. Die Belehrung hier ist dermaßen vollständig und tiefgründig.

»Warum ist das so? Wenn, Subhuti, ein Bodhisattva an der Vorstellung festhält, dass ein Selbst, eine Person, ein Lebewesen oder eine Lebensspanne existiere, dann ist er kein echter Bodhisattva.«

Unsere rechte Hand ist eine wahre Bodhisattva, denn sie unterscheidet nicht zwischen sich und unserer linken Hand. Da gibt es nur ein »sich kümmern«. Es ist sehr wichtig, dass wir die Begriffe »Selbst«, »Person«, »Lebewesen« und »Lebensspanne« gut verstehen. Der Begriff »Selbst« bezeichnet eine beständige, unwandelbare Identität, doch da es, wie der Buddhismus sagt, nichts gibt, das beständig ist, und da das, was wir üblicherweise als Selbst bezeichnen, vollkommen aus Nicht-Selbst-Elementen besteht, gibt es in Wirklichkeit keine Entität, die Selbst genannt werden könnte. Unsere Vorstellung von einem Selbst entsteht, wenn wir Vorstellungen von Dingen haben, die Nicht-Selbst sind. Wir benutzen das Schwert der begrifflichen Unterscheidung, teilen die Wirklichkeit in Stücke und nennen den einen Teil »Ich« und den Rest »Nicht-Ich«.

Ebenso wie »Selbst« aus Nicht-Selbst-Elementen besteht, besteht auch »Person« nur aus Nicht-Person-Elementen – aus Sonne, Wolken, Weizen, Raum und so weiter. Dank dieser Elemente gibt es etwas, das wir Person nennen. Doch es wäre falsch, wenn wir eine Schranke zwischen der Vorstellung von einer Person und der Vorstellung von einer Nicht-Person errichteten. Behaupten wir zum Beispiel, der Kosmos habe die Menschheit hervorgebracht und alle Tiere, Pflanzen, der Mond, die Sterne usw. seien nur dazu da, uns zu dienen, dann sind wir der Vorstellung von einer Person verhaftet. Diese Art von Vorstellungen werden benutzt, um Selbst von Nicht-Selbst und Person von Nicht-Person zu trennen, und sie sind falsch.

Wir investieren sehr viel Energie in die Entwicklung neuer Technologien, um unser Leben besser zu gestalten; dabei beuten wir die Nicht-Mensch-Elemente wie Wälder, Flüsse und Meere rücksichtslos aus. Doch wenn wir die Natur vergiften und zerstören, vergiften und zerstören wir damit auch uns. Die Auswirkungen unserer

Haltung, zwischen Menschen und Nicht-Menschen zu unterscheiden, sind globale Erwärmung, Umweltverschmutzung und das Aufkommen ganz neuer Krankheiten. Um uns zu beschützen, müssen wir die Nicht-Mensch-Elemente beschützen. Dieses grundlegende Verstehen ist unabdingbar, wenn wir unseren Planeten und uns selbst schützen wollen.

Die Vorstellung von einem Lebewesen, *sattva* in Sanskrit, entsteht in dem Augenblick, in dem wir Lebewesen von Nicht-Lebewesen trennen. Der Dichter Lamartine fragte einmal: »Unbelebte Objekte, habt ihr eine Seele?« Damit wollte er unser gewöhnliches Verständnis in Frage stellen. Das, was wir Nicht-Leben, Unbelebtes, nennen, macht das, was wir Lebewesen, Belebtes, nennen, erst möglich. In buddhistischen Klöstern rezitieren die Mönche und Nonnen: »Ich gelobe, aufrichtig und mit ganzem Herzen zu praktizieren, damit alle Wesen, die Lebenden und die Nicht-Lebenden, befreit werden.« Bei manchen Zeremonien verbeugen wir uns ganz tief, um auszudrücken, wie dankbar wir sowohl unseren Eltern, Lehrern und Lehrerinnen, Freundinnen und Freunden sind als auch den zahlreichen Wesen in der Tier-, Pflanzen- und Mineralwelt. Diese Verbeugung hilft uns zu erkennen, dass es keine Trennung zwischen dem Belebten und dem sogenannten Unbelebten gibt. Der vietnamesische Komponist Trinh Cong Con schrieb einmal: »Woher wissen wir, dass die Steine nicht leiden? Morgen werden die Kieselsteine einander brauchen.« Wenn wir Liebe wirklich verstehen, dann wird unsere Liebe alle Wesen einschließen, die lebenden und die sogenannten nicht-lebenden.

Üblicherweise bezeichnen wir mit »Lebensspanne« die Länge unseres Lebens, ein Leben, das mit dem Augenblick unserer Geburt beginnt und mit unserem Tod endet. Wir glauben, dass wir während dieser Zeit leben, doch nicht davor und nicht danach. Und wir meinen, dass in der Zeit, in der wir leben, alles in uns Leben ist und nicht Tod. Und wieder schneidet das Schwert der begrifflichen Unterscheidung die Wirklichkeit in Stücke, trennt die eine Seite – das Leben von der anderen – dem Tod. Aber es wäre eine falsche Auffassung zu meinen, unser Leben beginne mit dem Augenblick unserer Geburt und ende im Augenblick unseres Todes. Diese falsche Auffassung wird »Auffassung von einer Lebensspanne« genannt.

Der Prajnaparamita zufolge sind Leben und Tod eins. Wir werden geboren und wir sterben in jeder Sekunde unseres Lebens. Während einer sogenannten Lebensspanne gibt es Millionen Geburten und Millionen Tode. Tagtäglich sterben in unserem Körper Zellen – Gehirnzellen, Hautzellen, Blutzellen und viele, viele andere mehr. Auch unser Planet ist ein Körper, und wir alle sind eine Zelle dieses Körpers. Müssen wir jedesmal weinen und ein Begräbnis veranstalten, wenn eine Zelle unseres Körpers oder eine Zelle des Erdkörpers stirbt? Der Tod ist notwendig, damit das Leben sein kann. Im *Samyutta-Nikaya* sagt der Buddha: »Wenn Ursachen und Bedingungen ausreichen, dann ist Sehen da. Reichen Ursachen und Bedingungen nicht aus, dann ist kein Sehen da. Das Gleiche gilt für den Körper und das Bewusstsein.« Wir lieben das Leben und wollen es ganz festhalten. Wir fürchten den Tod und wollen uns vor ihm verstecken. Dadurch schaffen wir uns großen Kummer und große Sorgen, doch dies rührt einzig und allein von unserer Auffassung von einer Lebensspanne her.

Auf Sanskrit heißt »Wahrnehmung« *samjna*. Die *Vijnanavadin*-Schule der buddhistischen Psychologie sagt, dass Wahrnehmung zwei Bestandteile hat – ein Subjekt und ein Objekt der Wahrnehmung. Wandern wir nachts durch einen Wald, werden wir uns vermutlich sehr erschrecken, wenn wir eine Schlange sehen. Beleuchten wir sie mit unserer Taschenlampe und erkennen, dass es sich nur um ein Seil handelt, dann werden wir ein Gefühl großer Erleichterung verspüren. Es war eine falsche Wahrnehmung, dass wir meinten, eine Schlange gesehen zu haben. Der Buddha lehrt uns, dass an der Wurzel unseres Leidens vier falsche Wahrnehmungen stehen – die Wahrnehmung von (1) einem Selbst, (2) einer Person, (3) einem Lebewesen und (4) einer Lebensspanne. Ein Bodhisattva ist jemand, der oder die frei ist von all diesen falschen Wahrnehmungen.

Wir genießen es im Allgemeinen alle, wenn wir die Stadt verlassen und aufs Land hinausfahren können. Die Bäume sind so herrlich; die Luft ist so frisch. Für mich gehört das zu den größten Freuden des Lebens. Bin ich auf dem Land, gehe ich langsam und entspannt im Wald umher, und ich betrachte die Bäume und Blumen ganz genau; wenn ich pinkeln muss, kann ich es direkt in der freien Natur tun. Die frische Luft ist so viel angenehmer als jede Toilette in der Stadt, besonders als viele stinkende öffentliche Toiletten. Doch ich muss zugeben, dass ich mich jahrelang unbehaglich fühlte, im Wald zu pinkeln. In dem Augenblick, in dem ich auf einen Baum zutrat, empfand ich so großen Respekt für seine Schönheit und Würde, dass ich mich nicht überwinden konnte, vor ihm zu pinkeln. Es schien mir unhöflich, ja respektlos zu sein. Und so ging ich wieder weiter, doch überall waren Bäume oder Sträucher, und ich fühlte mich dort gleichermaßen respektlos.

Denken wir an unser Badezimmer zu Hause, eins aus Holz, Fliesen oder Zement, so ist es für uns etwas Unbelebtes, und wir haben kein Problem, dort zu pinkeln. Doch nachdem ich das *Diamant-Sutra* studiert hatte, erkannte ich, dass auch das Holz, die Fliesen und der Zement wundervoll und voller Leben sind, und ich fühlte mich nun sogar unbehaglich, wenn ich meine eigene Toilette benutzte. Dann hatte ich eine Erkenntnis: Ich erkannte, dass auch das Pinkeln eine wundervolle, wunderbare Wirklichkeit ist; es ist unser Geschenk an das Universum. Wir müssen nur achtsam pinkeln, mit großem Respekt für uns und unsere Umgebung. Inzwischen kann ich in der freien

Natur pinkein, mit großem Respekt für die Bäume, die Büsche und mich. Durch das Studium des *Diamant-Sutra* habe ich diesen Zwiespalt lösen können, und ich genieße es noch mehr als zuvor, auf dem Lande zu sein.

4
Das größte Geschenk

»Überdies, Subhuti – wenn ein Bodhisattva sich in Freigebigkeit übt, dann stützt er sich auf kein Objekt, das heißt, er stützt sich auf keine Form, keinen Klang, keinen Geruch, keinen Geschmack, kein Berührbares und kein Dharma, um Freigebigkeit zu üben.«

Ich glaube, dass ihr diesen Satz bereits versteht, auch wenn ihr ihn jetzt zum ersten Male lest. Seid ihr darum bemüht, das Leiden anderer zu lindern, so tut ihr das im Geiste der Zeichenlosigkeit, und ihr unterscheidet nicht zwischen euch und anderen. Ihr gründet eure Arbeit nicht auf die Wahrnehmung von einem Selbst, einer Person, einem Lebewesen oder einer Lebensspanne. Dieser Geist kann in jeder Handlung zum Ausdruck gebracht werden: Wenn ihr Freigebigkeit praktiziert, die

Regeln befolgt, euch in Geduld, Tatkraft, Konzentration und Weisheit übt. Hier nimmt der Buddha die Freigebigkeit als Beispiel.

Es gibt drei Arten von Geschenken: Erstens das Geschenk der materiellen Mittel, zweitens das Geschenk des praktischen Wissens, der praktischen Hilfe, das Geschenk des Dharma, und drittens das Geschenk der Nicht-Angst. Mit dem *Herz-Sutra* hat uns der Bodhisattva Avalokita das Geschenk der Nicht-Angst, der Sicherheit, überreicht. Viele vietnamesischen Boat People hatten bei ihrer Reise auf hoher See nur eine Abschrift des *Herz-Sutra* bei sich. Rezitieren wir diesen Prajnaparamita-Text mit vollkommener Aufmerksamkeit, dann werden wir ohne Angst sein. Avalokitas Geschenk an uns ist ein Akt der Freigebigkeit, der nicht übertroffen werden kann.

Praktiziert ein oder eine Bodhisattva Freigebigkeit, so handelt er oder sie aus dem Geist der Nicht-Angst heraus und ist nicht gebunden durch die vier falschen Wahrnehmungen. In dem Augenblick, in dem wir nicht in den vier falschen Wahrnehmungen verfangen sind, sind wir bereits in der Welt der Nicht-Angst. Falsche Wahrnehmungen entstehen aufgrund unserer Unwissenheit über die

Natur der Wahrnehmungen. Wir erkennen nicht die wahre Natur von Form, Klang, Geruch, Geschmack, Berührbarem und Geistesobjekt und sind in unsere falschen Wahrnehmungen verstrickt. Geben wir aber einem Menschen, der hungrig ist, zu essen, ohne ihm eine Menge Fragen zu stellen oder ihm zu erklären, dass wir gerade Freigebigkeit praktizieren, so handeln wir im Geist der Prajnaparamita und sind frei von falschen Wahrnehmungen.

Normalerweise glauben die Menschen, dass Formen stabil und wirklich seien, doch der Lehre des Buddha und auch den modernen Naturwissenschaften zufolge besteht Form nur aus leerem Raum. Alle Arten von Materie, seien es Felsen, Eisen oder Holz, setzen sich aus zahllosen Molekülen zusammen, die wiederum aus zahllosen atomaren und subatomaren Teilchen bestehen, welche durch die elektromagnetischen Kräfte und die Kernkräfte zusammengehalten werden. Atome sind unermesslich leere Räume, in denen unendlich kleine Teilchen – Protonen, Elektronen, Neutronen usw. – bei höchsten Geschwindigkeiten in unaufhörlicher Bewegung sind. Schauen wir in die Materie hinein, so sehen wir, dass sie wie ein

Bienenschwarm ist, der sich mit sehr großer Geschwindigkeit bewegt. Elektronen unkreisen die Atomkerne mit 300 000 Kilometern in der Sekunde. Wie falsch ist doch da unsere Vorstellung von Form. Es gibt Physiker, die sagen, dass – von der Ebene der atomaren Teilchen aus betrachtet – unsere begrifflich vorgestellte Welt ganz deutlich als Trugbild zu erkennen ist. Der Buddha benutzt das Bild einer Luftblase, um den Raum innerhalb der Materie zu verdeutlichen; er sagt, dass ein solcher Raum auch dem Klang, Geruch, Geschmack, Berührbarem und Geistesobjekt innewohnt. Weil wir diese sechs Sinnesobjekte falsch wahrnehmen, entwickeln wir die falschen Wahrnehmungen von einem Selbst, einer Person, einem Lebewesen und einer Lebensspanne. Und darum müssen wir unsere falschen Wahrnehmungen überschreiten, wenn wir uns in Freigebigkeit üben; wir müssen uns von ihnen befreien und dürfen an nichts mehr festhalten. Nehmen wir zu Dingen Zuflucht, die sehr zerbrechlich sind, dann werden auch wir leicht zusammenbrechen.

Ein Meditationszentrum zum Beispiel ist nur eine Form. In unserem alltäglichen Leben brauchen wir Formen, aber wir müssen uns nicht an sie klammern. Wir können Meditation überall praktizieren und studieren. Gäbe es Plum Village nicht, könnten wir woanders hingehen. Erkennen wir dies, dann wird unser Leben sehr friedvoll; wir verlieren unsere Angst und werden fähig, die Objekte unserer sechs Sinne frei zu nutzen. Wir kennen ihre wahre Natur und sind nicht ihre Sklaven. Wir empfinden nicht mehr Vertrauen, wenn sie zusammenkommen, und wir empfinden nicht weniger Vertrauen, wenn sie sich auflösen.

Bodhisattvas praktizieren sechs Methoden, um das Ufer der Erleuchtung zu erreichen; diese sind als die sechs Paramitas bekannt – Freigebigkeit, tugendhaftes Handeln, Geduld, Tatkraft, Konzentration und Weisheit. Es wäre falsch zu glauben, wir könnten Freigebigkeit nur dann praktizieren, wenn wir Geld haben. Wir können anderen immer unseren Frieden und unser Glück anbieten. Viele junge Leute sagen zu mir: »Thay, ich muss eine gute Arbeit finden, bei der ich viel verdiene, denn ich will anderen helfen.« Sie studieren, um Ärztinnen oder Ingenieure zu werden, und das Studium nimmt fast ihre gesamte Zeit in Anspruch, so dass sie keine Zeit mehr haben, Freigebigkeit zu praktizieren. Und dann, nachdem sie

Ärzte oder Ingeneurinnen geworden sind, sind sie noch beschäftigter, haben noch weniger Zeit, Freigebigkeit zu praktizieren – noch nicht einmal sich selbst gegenüber.

»Das, Subhuti, ist der Geist, aus dem heraus der Bodhisattva Freigebigkeit praktizieren sollte, ein Geist, der sich nicht auf Zeichen stützt. Warum? Wenn ein Bodhisattva Freigebigkeit praktiziert, ohne sich auf Zeichen zu stützen, so ist das Glück, das daraus entspringt, weder vorstellbar noch ermessbar. Subhuti, glaubst du, dass es möglich ist, den Raum in östlicher Richtung zu vermessen?«

»Nein, Weltverehrter!«

»Subhuti, ist es möglich, den Raum in westlicher, südlicher und nördlicher Richtung zu vermessen, nach oben und nach unten hin?«

»Nein, Weltverehrter!«

»Subhuti, stützt sich ein Bodhisattva auf keinerlei Vorstellungen, wenn er sich in Freigebigkeit übt, dann ist das Glück, das diesem tugendhaften Handeln entspringt, so groß wie das Weltall. Es kann nicht ermessen werden. Subhuti, die Bodhisattvas sollten ihren Geist in diese Belehrungen versenken und dort verweilen lassen.«

Dieses Glück, das entsteht, wenn wir Freigebigkeit praktizieren, ohne uns auf Zeichen zu stützen, ist grenzenlos. Wir sagen oft, dass die Früchte der Übung Frieden und Befreiung sind. Waschen wir ab und denken dabei an die, die es genießen, nichts zu tun, dann können wir nicht genießen, den Abwasch zu machen. Vielleicht haben wir danach ein paar saubere Teller, doch unser Glück ist kleiner als ein Teelöffel. Waschen wir jedoch mit einem klaren, friedvollen Geist ab, so wird unser Glück grenzenlos sein. Das ist bereits Befreiung. Die Worte in diesem Sutra sind ungemein eng mit unserem alltäglichen Leben verbunden.

5
Zeichenlosigkeit

»Was denkst du, Subhuti, ist es möglich, den Tathagata anhand körperlicher Kennzeichen zu erfassen?«

»Nein, Weltverehrter. Spricht der Tathagata von körperlichen Kennzeichen, so gibt es doch keine Kennzeichen, über die zu sprechen wäre.«

Der Buddha sagte zu Subhuti: »Wo es etwas gibt, das durch Zeichen unterscheidbar ist, da gibt es Täu-

schung. Wenn du die zeichenlose Natur der Zeichen sehen kannst, dann kannst du den Tathagata sehen.«

Ist es möglich, den Tathagata anhand der achtzig Zeichen der Schönheit oder der zweiunddreißig Merkmale eines großen Menschen zu erfassen? Die Objekte der Wahrnehmungen sind Zeichen und Merkmale; unsere Wahrnehmungen sind aber oft höchst ungenau und manchmal gänzlich falsch. Die Genauigkeit unserer Wahrnehmungen hängt von unserer Einsicht ab. Gewinnen wir an Einsicht, dann gründet unser Wissen nicht länger ausschließlich auf Wahrnehmungen, und dieses Wissen nennen wir *prajna*, Weisheit oder Verstehen jenseits der Zeichen.

In diesem Abschnitt begegnen wir der Dialektik der Prajnaparamita. Gewöhnlich folgt unsere Erkenntnis dem Prinzip der Identität: »A ist A«, und »A ist nicht B«. In diesem Abschnitt sagt Subhuti dagegen: »A ist nicht A.« Beim weiteren Studium des *Diamant-Sutra* werden wir noch vielen Sätzen dieser Art begegnen.

Wenn der Buddha eine Rose sieht, erkennt er sie dann in derselben Weise als Rose, wie wir das tun? Natürlich tut er das. Doch bevor der Buddha sagt, dass die Rose eine Rose ist, hat er gesehen, dass die Rose nicht eine Rose ist. Er hat gesehen, dass sie aus NichtRose-Elementen besteht, dass es keine klare Abgrenzung, keine Trennlinie gibt zwischen der Rose und den Elementen, die nicht Rose sind. Nehmen wir Dinge wahr, benutzen wir im Allgemeinen das Schwert begrifflicher Unterscheidung, um die Wirklichkeit in Stücke zu teilen, und wir sagen: »Dieses Stück ist A, und A kann nicht B, C oder D sein.« Doch betrachten wir A im Licht des abhängigen Entstehens, erkennen wir, dass A aus B, C, D und allen Dingen des Universums besteht. A kann niemals aus sich selbst und durch sich selbst heraus existieren. Schauen wir tief in A hinein, sehen wir B, C, D und so weiter darin. Verstehen wir erst einmal, dass A eben nicht A ist, erkennen und verstehen wir die wahre Natur von A und sind fähig zu sagen: »A ist A«, oder »A ist nicht A.« Doch bis dahin ist das A, das wir sehen, nur ein Trugbild des wirklichen A.

Betrachte einmal die Person, die du liebst, ganz genau und eingehend (oder betrachte jemanden, den du überhaupt nicht magst, auf diese Weise), und du wirst sehen, dass sie nicht für sich alleine steht. »Sie« schließt ihre Erziehung, die Gesellschaft, Kultur, Vererbung, Eltern mit ein, all die Dinge, die zu ihrem Dasein beigetragen haben und noch stets beitragen. Erkennen wir das, so können wir diese Person wirklich verstehen. Macht sie uns unglücklich, sehen wir, dass sie das nicht beabsichtigt, doch dass ungünstige Bedingungen sie dazu bringen. Um die guten Eigenschaften in ihr zu schützen und zu pflegen, müssen wir wissen, wie wir diejenigen Elemente außerhalb von ihr schützen und pflegen können, die sie erfrischen und liebenswürdig machen. Und das schließt uns mit ein, denn wenn wir friedvoll und freundlich sind, wird auch sie friedvoll und freundlich sein.

Betrachten wir A ganz sorgfältig und genau und erkennen wir, dass A nicht A ist, dann sehen wir A in seiner höchsten Blüte. Dann wird Liebe wirkliche Liebe, Freigebigkeit wirkliche Freigebigkeit, das Befolgen der Regeln wirkliches Befolgen der Regeln, und Unterstützung wird wirkliche Unterstützung. Auf diese Weise betrachtet der Buddha eine Rose, und deswegen ist er der Rose nicht verhaftet. Sind wir aber noch in Zeichen verstrickt, dann sind wir der Rose noch verhaftet. Ein chinesischer Zen-Meister sagte einmal: »Bevor ich Zen übte, waren die Berge Berge und die Flüsse waren Flüsse. Während ich Zen übte, waren die Berge keine Berge mehr und die Flüsse keine Flüsse. Nun – nachdem ich Zen übte – sind die Berge wieder Berge und die Flüsse sind wieder Flüsse.« Das ist die Dialektik der Prajnaparamita.

Ihr wisst, dass man Mönche und Nonnen mit vielen Kennzeichen in Verbindung bringt. Ihre geschorenen Köpfe, ihre Roben, ihre Art zu gehen, stehen, sitzen und liegen unterscheidet sie von anderen Menschen, und aufgrund dieser Zeichen können wir sie als Mönche oder Nonnen erkennen. Doch manche Mönche und Nonnen praktizieren nur, um der Form genüge zu tun. Wir können also keinerlei Urteil fällen – positiv wie negativ –, das sich auf Zeichen gründet. Wir müssen fähig sein, die Form zu durch-schauen, um mit dem eigentlichen Gehalt in Berührung zu sein. Es ist gefährlich, den Tathagata anhand der zweiunddreißig Merkmale oder der achtzig Zeichen der Schönheit erfassen zu wollen, denn sowohl Mara als auch der Rad-Herrscher (*cakravarti-raja*) haben diese Zeichen. »Suche nicht anhand körperlicher Merkmale nach dem Tathagata«, sagt der Buddha. Auch sagt er: »Wo es Zeichen gibt, gibt es Illusion.« Das heißt, wo Wahrnehmung ist, ist auch Täuschung. Der Stoff jeder Wahrnehmung sind Zeichen und Merkmale. Unsere Aufgabe ist es, so lange zu üben, bis Zeichen uns nicht länger täuschen und unsere Wahrnehmungen Einsicht, Verstehen und Weisheit geworden sind.

Tathagata ist die wahre Natur von Leben, Weisheit, Liebe und Glück. Nur wenn wir die zeichenlose Natur der Zeichen erkennen, haben wir die Möglichkeit, den Tathagata zu sehen. Betrachten wir eine Rose, ohne durch ihre Merkmale in Verwirrung zu geraten, sehen wir die Natur der Nicht-Rose, und wir beginnen, den Tathagata in der Rose zu sehen. Betrachten wir auf diese Weise einen Kieselstein, einen Baum oder ein Kind, so sehen wir auch in ihnen den Tathagata. Das *Diamant-Sutra* definiert Tathagata als den, der »von nirgendwoher kommt und nirgendwohin geht«, und der »kein Zeichen des Kommens und kein Zeichen des Gehens zeigt, kein Zeichen des Seins und kein Zeichen des Nicht-Seins, kein Zeichen der Geburt und kein Zeichen des Todes.«

Bevor ihr weiterlest, schaut euch bitte die ersten fünf Abschnitte des Sutra noch einmal an. Alles

Wesentliche findet sich dort dargelegt, und wenn ihr diese Abschnitte noch einmal lest, werdet ihr die Bedeutung des Sutra über den *Diamant, der die Illusion durchschneidet* verstehen. Und vielleicht wird dann, wenn ihr dieses Verständnis gewonnen habt, das *Diamant-Sutra* wie ein wundervolles Musikstück für euch sein. Ohne euch auch nur im geringsten anzustrengen, wird die Bedeutung euch einfach durchdringen.

Zweiter Teil

Die Sprache des Nicht-Anhaftens

6
Eine Rose ist nicht eine Rose

Der Ehrwürdige Subhuti sprach zu dem Buddha: »Wird es auch in künftigen Zeiten Menschen geben, die wahrhaftigen Glauben und wirkliches Vertrauen in diese Lehren haben, wenn sie sie hören?«

Der Buddha antwortete: »Sprich nicht in dieser Weise, Subhuti. Noch fünfhundert Jahre nach dem Hinscheiden des Tathagata wird es Menschen geben, die sich daran erfreuen, die Regeln zu befolgen. Hören solche Menschen diese Worte, werden sie den Glauben und das Vertrauen besitzen, dass diese Worte die Wahrheit sind. Wir müssen wissen, dass solche Menschen nicht nur während der Lebzeit eines Buddha heilsame Samen gesät haben oder während der Lebzeiten von zwei, drei, vier oder fünf Buddhas, sondern dass sie die guten Samen während der Lebzeiten von Zehntausenden von Buddhas gesät haben.«

Der Ehrwürdige Subhuti versteht zutiefst, was der Buddha bisher erläutert hat. Doch er ist besorgt, dass in künftigen Zeiten vielleicht niemand mehr dazu in der Lage sein wird, da diese Lehren dem gesunden Menschenverstand zu widersprechen scheinen. Es mag nicht so schwierig sein, die Lehren des Buddha während seiner Lebzeit zu verstehen, doch fünfhundert Jahre nach seinem Tod könnten die Menschen vielleicht Zweifel hegen. Aber der Buddha versichert Subhuti, dass es auch in der Zukunft Menschen geben wird, die fähig sind, den Regeln zu folgen, und die daraus ihr Glück beziehen. Und diese Menschen werden, wenn sie das Sutra über den *Diamant, der die Illusion durchschneidet* hören, diese Lehren annehmen, so wie Subhuti sie angenommen hat. Tatsächlich sind inzwischen mehr als 2000 Jahre vergangen, nachdem der Buddha in das Parinirvana eingegangen ist, und es gibt noch immer viele Menschen, die den Regeln folgen und diese Lehren anerkennen.

Im Buddhismus vergleichen wir unseren Geist oft mit einem Feld, und jedesmal, wenn wir etwas Heilsames oder Freudvolles tun, säen wir einen Buddha-Samen in dieses Feld. In diesem Abschnitt sagt der Buddha, dass die Menschen, die seine Lehren verstehen, die guten Samen während der Lebzeiten von Zehntausenden von Buddhas ausgesät haben.

»Der Tathagata sieht und erkennt jede Person, die beim Hören dieser Worte des Tathagata reines, klares Vertrauen in sich erweckt – und sei es auch nur für eine Sekunde –, und diese Person wird, weil sie versteht, unermessliches Glück erfahren.«

Dieser Satz enthält zwei sehr wichtige Wörter: *sehen* und *erkennen*. Vertraut eine Person diesen Lehren auch nur für eine Sekunde, dann wird der Buddha sie sehen und erkennen. Vom Buddha gesehen und erkannt zu werden ist für jeden Menschen, der den Pfad der Übung geht, eine große Unterstützung und Inspiration. Wenn wir einen nahen Freund haben, der uns versteht und um unsere Ziele weiß, fühlen wir uns sehr unterstützt. Eine gute Freundin muss nicht sehr viel tun. Sie muss uns nur wahrnehmen, wissen, dass wir da sind, und schon fühlen wir uns sehr ermutigt. Stellt euch vor, unser Freund wäre der Buddha!

Dieser Satz des *Diamant-Sutra* erhellte sich mir

vor vielen Jahren, als ich gerade ein Gedicht las, das ich 1967 für die Brüder und Schwestern der Schule der Jugend für Sozialarbeit geschrieben hatte. Es war für mich eine freudige Überraschung zu erfahren, dass ich Einsicht in ein Sutra gewann, während ich etwas ganz anderes las oder tat. Ich entdeckte, dass ein Sutra zu lesen so ist, als würde man einen Baum in sich einpflanzen. Während wir gehen, die Wolken betrachten oder etwas anderes lesen, wächst der Baum, und vielleicht gibt er sich uns von selbst zu erkennen.

Um das Jahr 1967 herum war der Krieg in Vietnam so entsetzlich grausam und zerstörerisch geworden, dass viele der jungen Sozialarbeiter, der Nonnen und Mönche in der Schule der Jugend für Sozialarbeit noch Dorfbewohner evakuieren mussten, während der Ort bereits bombadiert wurde. Ich lebte schon im Exil, doch von Zeit zu Zeit erhielt ich Nachrichten, dass wieder ein Bruder oder eine Schwester unserer Schule getötet worden war. Weder die Kommunisten noch die Antikommunisten akzeptierten unsere buddhistische Bewegung. Die Kommunisten unterstellten, wir würden von der CIA unterstützt, und die proamerikanische Seite verdächtigte uns als Kommunisten. Wir hingegen akzeptierten das Töten von keiner Seite. Das, was wir wollten, war Aussöhnung.

Eines Abends wurden fünf junge Brüder angeschossen, und vier von ihnen starben. Der eine Überlebende erzählte Schwester Phuong, dass die Killer sie zum Flussufer gebracht hatten, sie fragten, ob sie Mitglieder der Schule der Jugend für Sozialarbeit seien, und als sie dies zugaben, sagten: »Es tut uns sehr leid, aber wir müssen euch töten.«

Als ich dies hörte, weinte ich. Ein Freund fragte mich: »Warum weinst du? Du bist der Oberbefehlshaber einer gewaltlosen Armee, die für die Liebe arbeitet. Bestimmte Verluste muss jede Armee einkalkulieren und verkraften. Ihr nehmt keine Menschenleben, ihr rettet welche. Aber selbst für Krieger der Liebe in einer gewaltlosen Armee sind Opfer unvermeidlich.«

Ich sagte zu ihm: »Ich bin kein Oberbefehlshaber. Ich bin nur ein Mensch. Diese jungen Leute haben sich der Schule angeschlossen und sind damit meinem Aufruf gefolgt, und nun sind sie tot. Natürlich weine ich da.«

Ich schrieb ein Gedicht für die Brüder und Schwestern der Schule und bat sie, es sorgsam zu lesen. In diesem Gedicht sagte ich ihnen, wie wichtig es ist, niemals eine andere Person mit Hass zu betrachten, selbst wenn diese Person dich hasst, unterdrückt, tötet und auf deinem Leben herumtrampelt, als wärest du eine Wildpflanze oder ein Insekt. Wirst du infolge einer Gewalttat tödlich verwundet, musst du über Mitgefühl meditieren, um denen zu vergeben, die dich töten. Der Titel dieses Gedichtes lautet *Empfehlung*. Unsere einzigen Feinde sind Gier, Gewalt und Fanatismus. Wenn du stirbst und diesen Zustand des Mitgefühls verwirklichst, bist du wirklich ein Kind des Erwachten. Bevor sich meine Schülerin Schwester Nhat Chi Mai selbst opferte, um damit zu einem Waffenstillstand zwischen den Kriegsparteien aufzurufen, sprach sie dieses Gedicht auf eine Kassette, die sie ihren Eltern hinterließ:

Versprich mir, versprich mir heute,
versprich mir jetzt,
während die Sonne oben am Himmel scheint,
genau im Zenith, versprich mir da,
selbst wenn die Menschen dich
unter einem Berg von Hass und Gewalt
zermalmen,

selbst wenn sie auf dir herumtrampeln
und dich wie eine Raupe zerquetschen,
selbst wenn sie dich zerreißen
und dir den Bauch aufschlitzen,
dich zu erinnern: Bruder,
der Mensch ist nicht unser Feind.
Nur dein Mitgefühl und deine liebevolle
Zuwendung
sind unbesiegbar und ohne Grenzen.
Hass kann niemals eine Antwort geben
auf die Brutalität im Menschengeschlecht.
Eines Tages, wenn du selbst
der Grausamkeit begegnest,
dein Mut unversehrt,
deine ruhigen Augen voller Liebe,
und selbst wenn niemand dein Lächeln
erkennt,
das wie eine Blume erblüht in Einsamkeit
und großem Schmerz,
dann werden die, die dich lieben,
dich noch immer sehen,
während du durch tausende Welten
von Geburt und Tod reist.
Wieder allein, gehe ich weiter
mit gesenktem Haupt,

wissend, dass Liebe zu etwas Ewigem
geworden ist.
Und auf dem langen, beschwerlichen Weg
ist das Licht von Sonne und Mond
noch immer da,
um meine Schritte zu leiten.

Selbst wenn du in Bedrängnis, in Schande und durch Gewalt sterben musst – wenn du lächeln kannst, weil du vergibst, dann besitzt du eine große Stärke und Kraft. »… dein Mut unversehrt, deine ruhigen Augen voller Liebe, und selbst wenn niemand dein Lächeln erkennt, das wie eine Blume erblüht in Einsamkeit und großem Schmerz, werden die, die dich lieben, dich noch immer sehen, während du durch tausende Welten von Geburt und Tod reist.« Als ich diese Zeilen noch einmal las, verstand ich auf einmal das *Diamant-Sutra*: Stirbst du und dein Geist ist voller Mitgefühl, so bist du eine Fackel, die unseren Pfad erhellt.

»Wieder allein, gehe ich weiter mit gesenktem Haupt« – um dich zu sehen, zu erkennen, an dich zu denken. Deine Liebe ist zu etwas Ewigem geworden. Und obwohl der Weg lang und beschwerlich ist, ist das Licht von Sonne und Mond noch immer da, um meine Schritte zu leiten. In einer reifen Beziehung zwischen Menschen gibt es immer Mitgefühl und Vergebung. Wir brauchen in unserem Leben andere, die uns sehen und erkennen, damit wir uns unterstützt fühlen. Um wie viel mehr noch brauchen wir den Buddha, der uns sieht. Auf unserem Weg des Dienens gibt es Augenblicke voller Schmerz und Einsamkeit, doch wenn wir wissen, dass der Buddha uns sieht und dass er uns erkennt, spüren wir eine Welle von Energie und fester Entschlossenheit, auf unserem Weg weiterzugehen.

»Warum? Weil Menschen dieser Art nicht in die Vorstellung von einem Selbst, einer Person, einem Lebewesen oder einer Lebensspanne verstrickt sind. Sie sind weder in der Vorstellung von einem Dharma noch in der Vorstellung von einem Nicht-Dharma gefangen. Sie sind nicht in die Vorstellung verstrickt, dass dies ein Zeichen sei und jenes kein Zeichen. Warum? Wenn du der Vorstellung von einem Dharma verhaftet bist, dann bist du auch der Vorstellung von einem Selbst, einer Person, einem Lebewesen und einer Lebensspanne verhaftet. Bist du in

die Vorstellung verstrickt, dass es keine Dharmas gebe, dann bist du noch immer in der Vorstellung von einem Selbst, einer Person, einem Lebewesen und einer Lebensspanne gefangen.«

Zeichen bedeutet hier Vorstellung, Begriff. Haben wir eine Vorstellung, einen Begriff von etwas, dann ist diese Vorstellung mit einem Bild verknüpft. Wenn wir zum Beispiel eine Vorstellung von einem Tisch haben, sehen wir vor uns ein Bild dieses Tisches; aber wir müssen daran denken, dass unsere Vorstellung nicht das Ding selbst ist. Unsere Vorstellung basiert auf unserer Wahrnehmung, und diese kann sich unter Umständen sehr vom Tisch selbst unterscheiden. Einer Termite erscheint der Tisch vielleicht als ein Festmahl, während ein Physiker ihn als eine Masse sich unendlich schnell bewegender Teilchen wahrnimmt. Vielleicht haben diejenigen von uns, die den Pfad buddhistischer Übung gehen, weniger verkehrte Ansichten als andere, denn wir haben uns darin geübt, genau und gründlich zu sehen; vielleicht sind unsere Wahrnehmungen näher daran, vollständig und wahr zu sein, doch sie sind immer noch Wahrnehmungen.

Im Buddhismus wird ein Dharma gemeinhin als ein Phänomen definiert, das seine besonderen Merkmale wahren und nicht mit einem anderen Phänomen verwechselt werden kann. Wut, Trauer, Sorge und andere psychische Phänomene werden *citta dharma* genannt. Stühle, Tische, Häuser, Bergspitzen, Flüsse und andere physische Phänomene heißen *rupa dharma*. Phänomene, die weder physisch noch psychisch sind, wie Gewinn, Verlust, Sein und Nicht-Sein werden als *cittaviprayukta-samskara dharma* klassifiziert. Phänomene, die durch nichts bedingt sind, werden als *asamskrita dharma* bezeichnet.

Der Sarvastivadin-Schule des Buddhismus zufolge ist Raum ein Asamskrita-Dharma. Raum ist von seiner Natur her ungeboren und todlos, und er ist durch nichts anderes bedingt. Aber das war von dieser Schule nur als ein Beispiel gedacht. Tatsächlich besteht Raum aus Dingen wie Zeit und Bewusstsein und ist von daher nicht wirklich ein nicht-bedingtes Dharma. Die Sarvastivadins bezeichneten auch Soheit als nicht-bedingtes Dharma, doch wenn wir genau hinsehen, können wir erkennen, dass auch Soheit kein nicht-bedingtes Dharma ist. Der Begriff »Soheit«

existiert, weil wir den Begriff der »Nicht-Soheit« haben. Wenn wir meinen, Soheit unterscheide sich von allen anderen Dharmas, dann ist unsere Vorstellung von Soheit aus unserer Vorstellung von Nicht-Soheit heraus entstanden. Gibt es oben, gibt es auch unten, gibt es innen, ist da auch außen, gibt es Beständigkeit, so auch Unbeständigkeit. Entsprechend dem Gesetz der Relativität werden unsere Auffassungen jeweils durch ihr Gegenteil definiert.

In der Dialektik der Prajnaparamita aber müssen wir das Gegenteil sagen: »Weil dies nicht ist, was es ist, deshalb ist es wirklich, was es ist.« Betrachten wir eingehend ein Dharma und sehen alles darin, was nicht dieses Dharma ist, dann beginnen wir, dieses Dharma zu sehen. Und daher dürfen wir uns nicht an die Vorstellung von Dharmas binden, aber auch nicht an die Vorstellung von Nicht-Dharmas.

Ich habe die Vorstellung von Nicht-Dharma hier eingeführt, weil sie uns helfen kann, die Vorstellung von Dharma zu überschreiten; doch, bitte, verstrickt euch nun nicht in den Begriff »Nicht-Dharma«. Sehen wir eine Rose, wissen wir, dass die Rose ein Dharma ist. Um zu vermeiden, dass der Begriff »Rose« uns in Verwirrung bringt, müssen wir uns daran erinnern, dass die Rose nicht als vollkommen abgetrennte, unabhängige Entität existieren kann, sondern dass sie ausschließlich aus Nicht-Rose-Elementen besteht. Wir erkennen, dass Rose kein eigenständiges Dharma ist. Doch wenn wir die Vorstellung von einer Rose, die unabhängig und eigenständig existiert, überwinden, kann es geschehen, dass wir uns in die Vorstellung von Nicht-Rose verstricken. Wir müssen aber auch von dieser Vorstellung frei sein.

In der Dialektik der Prajnaparamita gibt es drei Stufen: (1) Eine Rose ist (2) nicht eine Rose, daher (3) ist sie eine Rose. Die dritte Rose ist sehr verschieden von der ersten. Der Begriff »leer von Leerheit« (*sunyata*) in der Lehre der Prajnaparamita zielt darauf ab, uns zu helfen, frei von der Vorstellung von Leerheit zu werden. Bevor wir Meditation üben, sehen wir, dass Berge Berge sind. Beginnen wir zu meditieren, sehen wir, dass die Berge nicht länger Berge sind. Haben wir eine Zeitlang geübt, sehen wir, dass die Berge wieder Berge sind. Jetzt sind die Berge sehr frei. Unser Geist weilt noch immer bei den Bergen, aber er ist nicht mehr an irgendetwas gebunden. Die Berge auf der dritten Stufe sind nicht mehr die der ersten Stufe. Die Berge auf der dritten Stufe geben sich uns gänzlich frei zu erkennen, und wir nennen dies ihr »wahres Wesen«. Es ist jenseits von Sein und Nicht-Sein. Die Berge sind da in ihrer wunderbaren Gegenwärtigkeit, nicht als eine Täuschung. Wenn der Buddha eine Rose sieht, ist die Rose, die er sieht, ein Wunder. Es ist die Rose in ihrem wahren Sein. Seht ihr eine Rose oder sehe ich eine Rose, so sehen wir vermutlich ein Sein, das noch voller begrifflicher Unterscheidung ist. In der Prajnaparamita-Literatur ist der Begriff »Leerheit« sehr weit gefasst. Er überschreitet die trügerische Welt von Sein und Nicht-Sein, von Ja und Nein. Darum wird diese Leerheit »wahre Leerheit« genannt. Wahre Leerheit ist nicht Leerheit. Wahre Leerheit ist wahres Sein.

Verweilen wir in der Welt der Dualität, werden wir durch sie bedingt. Wenn wir sagen: »Mein Freund ist gestorben«, und wir weinen, dann sind wir in der Welt von Kommen und Gehen gefangen. Die Welt der Bedingtheiten ist voller verkehrter Ansichten. Nur wenn wir lernen, tief in die Natur der Dinge hineinzuschauen, werden wir uns von den Vorstellungen von Sein und

Nicht-Sein befreien können und eine Welt betreten, in der Vorstellungen wie Kommen und Gehen, Existenz und Nicht-Existenz, Geburt und Tod, eins und viele, oben und unten schwinden. Sind wir einmal frei, dann ist diese Welt noch immer um uns und in uns, doch es ist nun die Welt der wahren Leerheit. Der Grundsatz von der Identität befindet sich an der Spitze des Baumes, doch die Welt des wahren Seins liegt an der Wurzel. Der Grundsatz von der Identität ist Basis für die Vorstellung von Selbst. Daher müssen wir das Netz von Dharma und Nicht-Dharma durchbrechen und über Wahrnehmungen und Nicht-Wahrnehmungen hinausgehen.

»Darum dürfen wir uns den Dharmas nicht verhaften noch der Vorstellung, dass Dharmas nicht existierten. Das ist die verborgene Bedeutung dessen, wenn der Tathagata sagt: ›Bhikkhus, ihr müsst wissen, dass alle Lehren, die ich euch gebe, ein Floß sind.‹ Alle Lehren müssen aufgegeben werden, ganz zu schweigen von den Nicht-Lehren.«

Der erste Satz bedeutet, dass wir uns weder in Sein noch in Nicht-Sein verstricken dürfen, da beide trügerisch sind. Klammern wir uns nicht länger an diese verkehrten Vorstellungen, dann erreichen wir die wunderbare Welt der wahren Leerheit.

Das *Diamant-Sutra* wiederholt hier eine Aussage, die im *Alaggadupama-Sutta* zu finden ist. Darin erklärt uns der Buddha, dass die Lehren wie ein Floß sind, das wir aufgeben müssen, wenn wir das andere Ufer erreicht haben. Die Worte »verborgene Bedeutung« sind nur in der Sanskrit–, nicht aber in der chinesischen Fassung enthalten. Gibt der Buddha Belehrungen, so klammern sich die Zuhörer unter Umständen an diese Lehren, auch wenn sie gar nicht mehr angemessen oder erforderlich sind. Den Lehren des Buddha zu lauschen ist so, als finge man eine gefährliche Schlange. Wisst ihr nicht, wie man das macht, packt ihr sie vielleicht zuerst beim Schwanz, und die Schlange dreht sich herum und beißt euch. Wisst ihr aber, wie man eine Schlange fängt, werdet ihr einen Stock nehmen, um sie festzuhalten, und dann werdet ihr die Schlange am Genick greifen, so dass sie euch nicht mehr beißen kann. Das Gleiche gilt für die Lehren des Buddha – ihr könnt euch verletzen, wenn ihr ungeschickt seid. Ihr müsst sehr aufmerksam dafür sein, euch nicht in diesen Lehren zu verfangen. Die Vorstellungen von Leerheit, Unbeständigkeit und Nicht-Selbst sind außerordentlich hilfreich; wenn ihr sie aber benutzt, ohne sie gründlich und klar zu verstehen, kann euch das Leiden bringen, und ihr könnt auch anderen Schaden zufügen.

7
Das Meer der Wirklichkeit betreten

»Was denkst du, Subhuti, hat der Tathagata höchsten, vollkommen erwachten Geist erlangt? Gibt der Tathagata irgendwelche Belehrungen?«

Der Ehrwürdige Subhuti antwortete: »So weit ich die Lehren des Erhabenen verstanden habe, gibt es kein unabhängig existierendes Objekt des Geistes, das höchster, vollkommen erwachter Geist heißt, noch gibt es irgendwelche unabhängig existierenden Belehrungen, die der Tathagata gibt. Warum? Die Lehren, die der Tathagata verwirklicht hat und von denen er spricht, können nicht als unabhängig und eigenständig existierend gedacht werden und können daher auch nicht beschrieben werden. Die Lehre des Tathagata ist weder selbst-existent noch nicht selbst-existent. Warum? Weil die edlen Lehrer sich von anderen nur hinsichtlich des Nicht-Bedingten unterscheiden.«

Der Buddha testet Subhuti hier, um zu sehen, ob dieser verstanden hat, was der Buddha zur Dialektik der Prajnaparamita sagte. In seiner Antwort auf die Frage, ob der Tathagata höchsten, vollkommen erwachten Geist erlangt habe und ob es eine Belehrung gebe, die der Tathagata erteilt, zeigt Subhuti sein Verständnis, indem er die Sprache der Prajnaparamita benutzt. Er erklärt, dass die Lehre des Tathagata weder erfasst noch beschrieben werden kann. Das ist eine sehr weise Antwort.

Der Buddha hat diesen Punkt bereits verdeutlicht, doch nun wiederholt Subhuti ihn in seinen eigenen Worten. Er sagt: »Es gibt kein unabhängig existierendes Objekt des Geistes, das höchster, vollkommen erwachter Geist heißt.« Wenn wir sagen, da ist ein Dharma, genannt höchster, vollkommen erwachter Geist, dann benutzen wir das Schwert begrifflicher Unterscheidung, um ein Stück der Wirklichkeit herauszuschneiden und dieses dann höchsten, vollkommen erwachten Geist zu nennen. Wir sollten fähig sein, auch den nicht-höchsten, nicht-vollkommenen, nicht-erwachten Geist zu sehen, genauso wie wir die Nicht-Rose-Elemente sahen, als wir die Rose betrachteten.

Wenn Subhuti sagt, dass da kein unabhängig existierendes Objekt des Geistes ist, das höchster, vollkommen erwachter Geist genannt wird, dann meint er damit, dass das, was höchster, vollkommen erwachter Geist heißt, keine eigenständige Existenz besitzt. So wie eine Rose nicht von den Wolken, der Sonne, dem Boden und dem Regen getrennt werden kann, kann auch die Lehre des Buddha nicht außerhalb des täglichen Lebens gefunden werden. Kein Dharma – nicht der höchste, vollkommen erwachte Geist noch Soheit, Nirvana, Tathagata, eine Rose, ein Mahl zu sich nehmen, den Abwasch machen, auch nicht Subhuti, eine Freundin, ein Haus, ein Pferd oder die Lehren, die der Tathagata verwirklicht hat –, kein Dharma kann erfasst oder beschrieben werden.

Der Gedanke, dass Dinge unabhängig voneinander existieren können, ist der Wahrnehmung geschuldet, dass Dinge einen Anfang und ein Ende haben. Doch es ist unmöglich, den Anfang oder das Ende von etwas zu finden. Wenn du eine

Freundin betrachtest, die dir sehr vertraut ist, glaubst du vielleicht, dass du sie vollkommen verstehst; doch das ist schwierig, denn sie ist ein ganzer Wirklichkeitsfluss. In jedem Moment dringen Dharmas, die nicht sie sind, in sie ein oder verlassen sie. Du kannst sie nicht festhalten. Beobachtest du ihre Form, ihre Empfindungen, Wahrnehmungen, Geistesregungen und ihr Bewusstsein, kannst du erkennen, dass sie hier genau neben dir sitzt und dass sie zur gleichen Zeit irgendwo ganz anders ist. Sie ist in der Gegenwart, der Vergangenheit und der Zukunft. Deine Freundin, der Tathagata, Subhuti und die Rose können nicht erfasst werden, denn sie haben keinen Anfang und kein Ende. Ihre Gegenwart ist vollkommen verknüpft mit allen Dharmas, allen Objekten des Geistes im Universum.

Praktizieren wir Zen, wurde uns vielleicht das *kung-an* gegeben: »Was war dein wahres Gesicht, bevor deine Eltern geboren wurden?« Wir können es nicht begreifen oder beschreiben, denn es transzendiert jede Form. Wir haben nur unsere Begriffe und Vorstellungen, und wir können diese Dharmas nicht durch unsere Wahrnehmungen erfassen. Es ist, als versuchten wir, mit unseren Händen die Luft festzuhalten. Die Luft aber entweicht. Darum sagt Subhuti: »Die Lehren, die der Tathagata verwirklicht hat und von denen er spricht, können nicht als unabhängig existierend gedacht werden und können daher nicht beschrieben werden. Die Lehre des Tathagata ist weder selbst-existent, noch ist sie nicht selbst-existent.« Es ist nicht richtig, die Lehre des Tathagata ein Dharma zu nennen, denn wenn wir es tun, sperren wir sie in eine Kiste, ein Schema und trennen sie damit von anderen Dingen. Doch wenn wir sagen, die Lehre sei kein Dharma, so ist das auch nicht richtig, denn sie ist wirklich ein Dharma – kein Dharma, das abgetrennt und isoliert werden könnte, sondern ein Dharma, das alle Wahrnehmungen transzendiert.

Sodann sagt Subhuti, dass die edlen Lehrer sich von anderen nur hinsichtlich des Nicht-Bedingten unterscheiden.

Der Begriff »Edle Lehrer« ist eine Übersetzung des Sanskritbegriffs *aryapudgala. Arya* bedeutet »edel«, *pudgala* bedeutet »Mensch, Person«. Aryapudgalas sind die Menschen, die eine der vier Stufen erreicht haben: die Stufe der »In-den-Strom-Eingetretenen« (*sotapatti-phala*), der »Einmal-Wiederkehrenden« (*sakadagami-phala*), der »Nie-Wiederkehrenden« (*anagami-phala*) oder derer »die frei sind von Verlangen und Wiedergeburt« (*arhat*). Asamskrita-Dharmas sind nichtbedingt. Sie transzendieren alle Begriffe und Vorstellungen. Die edlen Lehrer sind befreit. Sie unterscheiden sich von anderen, weil sie in Berührung sind mit den nicht-bedingten Dharmas und diese erkennen und verwirklichen. Sie sind nicht länger in Formen und Begriffe verstrickt.

Dieser Abschnitt des Sutras zeigt, dass alle Dharmas ohne Form sind und begriffliches Wissen transzendieren. Erkennen wir die Soheit aller Dharmas, haben wir uns aus dem Gefängnis unserer begrifflichen Unterscheidungen befreit. Im täglichen Leben benutzen wir normalerweise unser begriffliches Wissen, weil wir die Wirklichkeit erfassen wollen. Aber das ist unmöglich. Meditation zielt darauf ab, unsere begrifflichen Begrenzungen und Schranken zu durchbrechen, damit wir uns vollkommen frei im grenzenlosen Meer der Wirklichkeit bewegen können.

8
Nicht-Anhaftung

»Was meinst du, Subhuti, wenn ein Sohn oder eine Tochter aus guter Familie die dreitausend Chiliokosmen als Akt der Freigebigkeit mit den sieben kostbaren Schätzen füllen würde, könnte diese Person durch eine solch tugendhafte Handlung großes Glück bewirken?«

Der Ehrwürdige Subhuti antwortete: »Ja, Weltverehrter. Weil Tugend und Glück in ihrem Wesen nicht Tugend und Glück sind, kann der Tathagata von Tugend und Glück sprechen.«

Der Begriff »Chiliokosmos« setzt sich aus zwei Wörtern zusammen, die dem Griechischen entstammen: *chilioi* bedeutet »tausend«, und *kosmos* bedeutet »Universum«. »Dreitausend Chiliokosmen« bezeichnet eine unzählbare Anzahl von Universen. Der Buddha fragt: »Wenn ein Sohn oder eine Tochter aus guter Familie die dreitausend Chiliokosmen als Akt der Freigebigkeit mit den sieben kostbaren Schätzen füllen würde, könnte diese Person durch eine solch tugendhafte Handlung großes Glück bewirken?« Subhuti bejaht dies, und er zeigt dem

Buddha darüber hinaus, dass Sprache ihn nicht mehr beschränkt. Er weiß, dass es keine eigenständigen Objekte des Geistes gibt, die »Tugend« oder »Glück« heißen, und da Worte ihn nicht mehr gefangennehmen, kann er sie ohne jeden Schaden benutzen. Doch erkennen wir nicht die jedem Wort innewohnende Natur der wechselseitigen Durchdringung und des Einsseins, dann können Worte für uns zu einer Art Gefängnis werden. Wir müssen die Worte so benutzen, dass sie uns nicht beherrschen. Darum hat der Buddha uns den *Diamant, der die Illusion durchschneidet* gegeben.

Der Buddha sagte: »Wenn nun – auf der anderen Seite eine Person diese Lehren annimmt, sie in ihrem Leben verwirklicht und anderen erklärt – und sei es nur eine Gatha von vier Zeilen –, so übersteigt das Glück, das durch dieses tugendhafte Handeln entsteht, bei weitem jenes, das aus dem Geben der sieben kostbaren Schätze erwächst.«

Das Glück, das durch dieses tugendhafte Handeln entsteht, ist grenzenlos. Es ist höchste, nichtbedingte Befreiung und nicht nur eine Ansammlung von bedingtem Glück.

»Warum? Weil, Subhuti, alle Buddhas und das Dharma des höchsten, vollkommen erwachten Geistes aller Buddhas aus diesen Lehren hervorgehen.«

In dieser außergewöhnlichen Erklärung kommt die Vorstellung zum Ausdruck, dass Prajna, Weisheit, die Mutter aller Buddhas und Bodhisattvas ist.

»Subhuti, das, was Buddhadharma genannt wird, ist all das, was nicht Buddhadharma ist.«

Die Menschen, die die buddhistische Praxis in den Westen bringen, sollten es in diesem Geist tun. Da der Buddhismus den meisten Menschen im Westen bisher noch nicht bekannt ist, wird die Essenz des Buddhismus keine große Chance haben, im Westen zu erblühen, wenn die Lehren zu sehr die Form betonen. Wenn ihr meint, die Lehren des Buddhismus existierten vollkommen eigenständig von den übrigen Lehren in eurer Gesellschaft, dann ist das ein großer Fehler. Besuche ich westliche Länder, um die Lehren des Buddhismus zu vermitteln, erinnere ich die Menschen oft daran, dass es in der westlichen Kultur und Tradition –

im Judaismus, Islam und Christentum – Werte gibt, die sie mit dem Buddhismus gemeinsam haben. Betrachtet ihr eure Kultur und Tradition eingehend, werdet ihr viele wundervolle spirituelle Werte entdekken. Sie heißen nicht Buddhadharma, aber in ihrem Gehalt sind sie Buddhadharma.

Bei seinem letzten Mahl hielt Jesus ein Stück Brot in die Höhe, teilte es mit seinen Schülern und sagte: »Freunde, esst dieses Brot. Es ist mein Fleisch, und ich reiche es euch dar.« Als er den Wein einschenkte, sagte er: »Dies ist mein Blut, das ich euch darreiche. Trinkt es.«

Vor vielen Jahren traf ich einmal Kardinal Danielou in Paris, und ich sagte zu ihm: »Ich denke, Jesus lehrte seine Schüler die Praxis der Achtsamkeit.« Tagtäglich essen und trinken wir viele Male, doch während wir essen und trinken, wandert unser Geist üblicherweise ziellos umher; was wir dann wirklich essen, sind unsere Sorgen, Gedanken und Ängste. In Achtsamkeit essen bedeutet mit dem Leben in Berührung sein. Jesus sprach in einer Art und Weise, so dass seine Schüler danach *wirklich* Brot aßen. Das letzte Abendmahl war ein achtsames Mahl. Wenn die Schüler durch ihre

Ruhelosigkeit und Zerstreutheit hindurchdringen und ein Stück Brot essen konnten, mit ihrem ganzen Sein im gegenwärtigen Moment – ist das dann nicht Buddhadharma? Die Worte »Achtsamkeit« oder »Meditation« mögen nicht verwendet worden sein, doch die Tatsache, dass dreizehn Menschen zusammen in Achtsamkeit aßen, entspricht sicherlich buddhistischer Praxis. Der vietnamesische König Tran Nhan Tong sagte einmal, ein Mahl zu essen, Wasser zu trinken oder die Toilette zu benutzen – all dies sei Buddhadharma. Buddhadharma ist nicht etwas anderes als das sogenannte Nicht-Buddhadharma.

Das *Diamant-Sutra* ist nicht schwer zu verstehen, auch wenn es zunächst fremd klingen mag, bis man sich an diese Art der Sprache gewöhnt hat. Vielleicht hat man den Eindruck dauernder Wiederholung, doch wenn ihr es sorgsam lest, werdet ihr in jedem Satz etwas Neues finden. Darüber hinaus hilft uns das *Diamant-Sutra* dabei, heilsame Samen in unser Bewusstsein zu säen. Wenn dann ein ähnlicher Gedanke auftaucht, werden die guten Samen in unser SpeicherBewusstsein (*alaya vijnana*) eingepflanzt. Im *Diamant-Sutra* schult der Buddha Subhuti, die Sprache so zu gebrauchen, dass sie nirgendwo anhaftet. Werden wir mit dieser Redeweise vertraut, werden wir fähig, unsere tiefste Weisheit zu entwickeln.

Dritter Teil

Die Antwort liegt in der Frage

9
In Frieden verweilen

»Was meinst du, Subhuti, denkt ein In-den-Strom-Eingetretener: ›Ich habe die Frucht des Stromeintritts erlangt‹?«

Subhuti erwiderte: »Nein, Weltverehrter. Warum? Strom-Eintritt bedeutet in den Strom eintreten; aber in Wirklichkeit gibt es keinen Strom, in den einzutreten wäre. Man tritt in keinen Strom ein, der Form ist, noch in einen, der Klang, Geruch, Geschmack, Berührbares oder Objekt des Geistes ist. Das meinen wir, wenn wir von Strom-Eintritt sprechen.«

Dem traditionellen Buddhismus zufolge ist der Strom-Eintritt die erste der vier Früchte der Praxis. Wirst du ein In-den-Strom-Eingetretener, bist du in den Strom des erwachten Geistes eingegangen, der stets in das Meer der Befreiung fließt. Ist dieser Strom ein Dharma, das unabhängig von anderen Dharmas existiert? Subhutis Antwort ist genau in der Sprache der Dialektik der Prajnaparamita gehalten.

»Was glaubst du, Subhuti, denkt ein Einmal-Wiederkehrender: ›Ich habe die Frucht der Einmal-Wiederkehr erlangt‹?«

Subhuti erwiderte: »Nein, Weltverehrter. Warum? Einmal-Wiederkehr bedeutet gehen und noch einmal wiederkehren; aber in Wirklichkeit gibt es kein Gehen, genauso wie es kein Wiederkehren gibt. Das meinen wir, wenn wir Einmal-Wiederkehrender sagen.«

Die Natur aller Dharmas ist weder Kommen noch Gehen. Es gibt keinen Ort im Raum, von dem sie kommen, und es gibt keinen Ort im Raum, zu dem sie gehen. Dharmas zeigen sich, wenn die Bedingungen ausreichend sind. Sind die Bedingungen unzureichend, sind sie verborgen. Das gilt in gleicher Weise für menschliche Wesen. Gemäß der traditionellen Definition ist ein Einmal-Wiederkehrender eine Person, die nach ihrem Tod noch ein einziges Mal in den Kreislauf von Geburt und Tod zurückkehrt und dann die Frucht der Arhatschaft (keine Geburt, keinen Tod) verwirklicht. Doch in Wahrheit kommen wir von nirgendwoher und gehen nirgendwohin. Und darum sagen wir, dass eine solche Person ein Einmal-Wiederkehrender ist.

»Was glaubst du, Subhuti, denkt ein Nie-Wiederkehrender: ›Ich habe die Frucht der Nie-Wiederkehr erlangt‹?«

Subhuti erwiderte: »Nein, Weltverehrter. Warum? Nie-Wiederkehr bedeutet nicht in diese Welt zurückkehren; aber in Wirklichkeit kann es so etwas wie Nie-Wiederkehr nicht geben. Das meinen wir, wenn wir Nie-Wiederkehrender sagen.«

Diejenigen, die die Frucht der Nie-Wiederkehr verwirklichen, kehren nach diesem Leben nicht mehr in diese Welt zurück. Es wird gesagt, sie gingen in eine andere Welt und praktizierten dort, bis sie die Frucht der Arhatschaft erreichen. Und abermals wendet Subhuti die Sprache der Dialektik der Prajnaparamita an. Er sagt, dass die Vorstellung von Wiederkehr bereits trügerisch ist, wie viel mehr dann noch die Vorstellung von Nie-Wiederkehr.

»Was glaubst du, Subhuti, denkt ein Arhat: ›Ich habe die Frucht der Arhatschaft erlangt‹?«

Subhuti erwiderte: »Nein, Weltverehrter. Warum? Es gibt kein eigenständig existierendes Ding, das Arhatschaft genannt werden könnte. Wenn ein Arhat den Gedanken hegt, er habe die Frucht der Arhatschaft erlangt, dann ist er noch in die Vorstellung von einem Selbst, einer Person, einem Lebewesen und einer Lebensspanne verstrickt. Weltverehrter, du hast oft gesagt, dass ich die Konzentration erlangt habe, in Frieden zu verweilen, und dass ich innerhalb der Gemeinschaft der Arhat bin, der Verlangen und Begierden weitestgehend überwunden hat. Weltverehrter, würde ich selbst meinen, die Frucht der Arhatschaft erlangt zu haben, würdest du sicherlich nicht davon sprechen, wie gerne ich in der Konzentration des friedvollen Verweilens ruhe.«

Arana bedeutet die Abwesenheit von Kampf. Subhuti ist innerhalb der Gemeinschaft des Buddha als derjenige bekannt, der es genießt, in der Übung des *arana*, des friedvollen Verweilens, zu ruhen. Er hat keinerlei Wunsch, sich mit anderen zu messen. Er wird als Arhat betrachtet, der alles Leiden und alle Begierden überwunden hat. Weil Subhuti nicht in die Vorstellung verstrickt ist, er habe die Frucht der Arhatschaft erlangt, ist er wirklich ein Arhat. In Plum Village essen wir vegan, ohne dass wir uns als Veganer bezeichnen. Das ist die Essenz des Nicht-Handelns oder der Nicht-Form. Weil Subhuti Nicht-Handeln praktiziert, lobt der Weltverehrte ihn als einen Schüler, der es liebt, in Frieden zu verweilen.

10
Ein formloses Reines Land schaffen

Der Buddha fragte Subhuti: In alten Zeiten, als der Tathagata unter dem Buddha Dipankara übte, hat er da irgendetwas erlangt?«

Subhuti antwortete: »Nein, Weltverehrter. In alten Zeiten, als der Tathagata unter dem Buddha Dipankara übte, da erlangte er nichts.«

»Was meinst du, Subhuti, schafft ein Bodhisattva ein harmonisches, schönes Buddha-Feld?«

»Nein, Weltverehrter. Warum? Ein harmonisches, schönes Buddha-Feld schaffen bedeutet in Wirklichkeit nicht ein harmonisches, schönes Buddha-Feld

schaffen. Und darum nennt man es: ein harmonisches, schönes Buddha-Feld schaffen.«

Mit dem Erlangen der Erleuchtung öffnen alle Buddhas und Bodhisattvas für die Menschen auf dem Pfad der Verwirklichung, die mit ihnen lernen und üben wollen, eine neue Welt. Jeder Buddha schafft ein Reines Land als ein Übungszentrum. Ein Reines Land ist ein frischer, wunderschöner Ort, wo die Menschen glücklich und friedvoll sein können. Ein Reines Land schaffen heißt »ein harmonisches, schönes Buddha-Feld schaffen«. Lehrer und Lehrerinnen arbeiten gemeinsam mit ihren Schülern und Schülerinnen daran, diesen Ort zu einem angenehmen, freundlichen, erholsamen und schönen Ort zu machen, damit viele Menschen ihn aufsuchen und dort leben und praktizieren können. Je größer die Kraft ihres Erwachens und ihres Friedens ist, desto angenehmer ist ihr Reines Land.

Amitabha Buddha hat ein Reines Land im Westlichen Paradies. Akshobhya Buddha hat einen Ort, der Wunderbare Freude genannt wird. Nachdem ihr eine Weile praktiziert und ein gewisses Maß an Einsicht und Frieden gewonnen habt, möchtet ihr dies vielleicht mit anderen teilen und gründet eine kleine Übungsgemeinschaft. Doch sollte das stets im Geist der Nicht-Form geschehen. Klammert euch nicht an das Übungszentrum, das ihr errichtet. »Ein harmonisches, schönes Buddha-Feld schaffen bedeutet in Wirklichkeit nicht ein harmonisches, schönes Buddha-Feld schaffen.« Das bedeutet, es im Geist der Nicht-Form zu tun. Lasst euch nicht von eurem Buddha-Feld auffressen, sonst werdet ihr leiden. Achtet darauf, euch bei der Gestaltung und Errichtung des Übungszentrums nicht völlig zu verausgaben.

Der Buddha sagte: »In diesem Geiste, Subhuti, sollten alle Bodhisattva-Mahasattvas ihren reinen, klaren Vorsatz fassen. Wenn sie ihren Vorsatz fassen, sollten sie sich dabei nicht auf Form, Klang, Geruch, Geschmack, Berührbares oder Geistesobjekt stützen. Sie sollten einen Vorsatz fassen aus einem Geist heraus, der nirgendwo verweilt.«

Nirgendwo verweilen bedeutet sich auf nichts stützen. Einen Vorsatz fassen bedeutet den Willen und Wunsch haben, höchstes Erwachen zu erlangen. Sich auf Formen, Klänge, Gerüche, Geschmack, Berührbares und Objekte des Geistes stützen bedeutet sich in Wahrnehmungen, Vorstellungen und Begriffe verstricken. Subhutis erste Frage an den Buddha im zweiten Teil lautete: »Wenn Söhne und Töcher aus guten Familien höchsten, vollkommen erwachten Geist zu erwecken suchen, auf was sollen sie sich stützen und was sollen sie tun, um ihr Denken zu beherrschen?« Dieser Abschnitt ist die Antwort des Buddha auf die Frage Subhutis.

»Subhuti, angenommen, da ist ein Mann, dessen Körper so groß wie der Berg Sumeru ist. Würdest du seinen Körper als groß bezeichnen?«

Subhuti antwortete: »Ja, Weltverehrter, als sehr groß. Warum? Was der Tathagata meint, ist nicht ein großer Körper, der als großer Körper bekannt ist.«

Das Wort »Körper« ist hier eine Übersetzung des Sanskrit-Wortes *atmabhava*, nicht des Wortes *kaya*.

Der Berg Sumeru ist der König aller Berge. Auch in diesem Abschnitt verwenden Lehrer und Schüler die Sprache der Dialektik der Prajnaparamita. Fragt der Buddha: »Würdest du sagen, dass dies ein großer Körper sei?«, ist die Antwort des Subhuti: »Sehr groß«, denn er versteht die Sprache des Buddha ganz genau. Er weiß, dass der Buddha von »groß« spricht, weil er frei ist von den Begriffen »groß« und »klein«. Ist uns bewusst, wie der Buddha die Worte benutzt, so werden wir uns von keinem einzigen mehr verwirren lassen. Der Lehrer ist wichtig, die Leiterin des Meditationszentrums ist wichtig, doch wenn die Vorstellung von Wichtigkeit ein Hindernis für die Lehre und die Übung wird, dann wird Bedeutung dieser Personen verlorengehen.

11
Der Sand in der Ganga

»Subhuti, wenn es so viele Ganga-Ströme gäbe wie es Sandkörner in der Ganga gibt, würdest du dann die Zahl der Sandkörner in allen Ganga-Strömen als sehr groß bezeichnen?«

Subhuti antwortete: »Als sehr groß, in der Tat, Weltverehrter. Wäre die Zahl der Ganga-Ströme schon gewaltig, um wie viel gewaltiger dann noch die Zahl der Sandkörner in all diesen Strömen.«

»Subhuti, ich möchte dich folgendes fragen: Wenn eine Tochter oder ein Sohn aus gutem Hause als Akt der Freigebigkeit die dreitausend Chiliokosmen mit so vielen kostbaren Schätzen füllen würde, wie es Sandkörner in allen Ganga-Strömen gibt, könnte diese Person durch ihr tugendhaftes Handeln großes Glück bewirken?«

Subhuti erwiderte: »Sehr großes Glück, Weltverehrter.«

Der Buddha sprach zu Subhuti: »Wenn eine Tochter oder ein Sohn aus gutem Hause dieses Sutra annimmt, sich darin übt und es anderen erläutert – und sei es nur eine Gatha von vier Zeilen –, so ist das Glück, das diesem tugendhaften Handeln entspringt, noch weitaus größer.«

Die Zahl der Sandkörner in der Ganga bezieht sich auf eine Menge, die rechnerisch nicht mehr zu ermitteln ist. Füllt jemand aus Freigebigkeit die 3000 Chiliokosmen mit so vielen kostbaren Juwelen, als es Sandkörner in der Ganga gibt, so ist das Glück, das durch dieses tugendhafte Handeln bewirkt wird, aber noch immer geringer als das Glück, das hervorgebracht wird, wenn man das *Diamant-Sutra* annimmt, seinen Lehren folgt und sie anderen erläutert. Das Glück, das aus dem Studium und der Übung des Sutra über den *Diamant, der die Illusion durchschneidet* hervorgeht, ist so groß, dass das Sutra selbst zum Gegenstand der Verehrung wurde. Dies wird im nächsten Abschnitt deutlich.

12
Jedes Land ist ein Heiliges Land

»Und weiter, Subhuti, jedes Stückchen Land, auf dem dieses Sutra verkündet wird – und sei es nur eine Gatha von vier Zeilen –, wird ein Land sein, das Götter, Menschen und Asuras aufsuchen, um Opfergaben zu bringen, so wie sie es an einem Stupa des Buddha tun. Und wenn schon dieses Stückchen Land als heilig angesehen wird, um wie viel mehr dann die Person, die dieses Sutra praktiziert und rezitiert. Subhuti, du musst wissen, dass diese Person etwas sehr Seltenes, Profundes erlangt. Wo immer dieses Sutra befolgt wird, ist ein heiliger Ort, der die Gegenwart des Buddha oder die eines seiner großen Schüler bewahrt.«

Jedes Stück Land, auf dem dieses Sutra verkündet wird – und sei es nur ein Vers von vier Zeilen –, ist ein heiliges Land, würdig, Opfergaben von Göttern, Menschen und Asuras zu empfangen; so heilig und kostbar wie jeder Stupa, der Reliquien des Buddha enthält. Ist das Land heilig, um wie viel mehr dann noch die Person, die das Sutra rezitiert und seinen Lehren folgt; denn das bedeutet, dass das Sutra das Fleisch, die Seele, das Leben dieser Person durchdrungen hat. Diese Person ist nun würdig, Opfergaben von Göttern, Menschen und Asuras zu empfangen.

1963 opferte sich in Saigon der Bodhisattva Thich Quang Duc, um den Diktator unseres Landes aufzuwecken. Als der Dichter Vu Hoang Chuong sich den Boden vergegenwärtigte, auf dem Thich Quang Duc gesessen hatte, wusste er, dass dies heiliger Boden war, und er sagte: »Der Platz, auf dem du gesessen hast, ist ein ewiges *chef d'oeuvre* geworden; dein Mitgefühl leuchtet aus dem Herzen des Unsichtbaren.« Vu Hoang Chuong hat vielleicht nicht das *Diamant-Sutra* studiert, aber er spricht aus derselben Einsicht heraus.

Benutzt ein Mensch seinen Körper, um das Leben seiner Mitmenschen zu retten, so kann sein

Mitgefühl den Boden, auf dem er sitzt, in einen heiligen Boden umwandeln. Auch wenn dort keine Statue und kein Stupa errichtet wird, ist der Boden doch wahrhaft heilig – er sollte als Ort der Verehrung betrachtet werden.

13
Der Diamant, der die Illusion durchschneidet

Danach wandte sich Subhuti an den Buddha: »Wie soll dieses Sutra genannt werden, und wie sollen wir handeln angesichts der Lehren?«

Der Buddha erwiderte: »Dieses Sutra soll Der Diamant, der die Illusion durchschneidet *genannt werden, denn es hat die Kraft, alle Illusionen und alle Betrübnisse zu durchschneiden und uns zum Ufer der Befreiung zu bringen. Bitte, benutze diesen Namen und praktiziere in Übereinstimmung mit seiner tiefsten Bedeutung. Warum? Was der Tathagata die höchste, vollkommene Weisheit genannt hat, ist in Wirklichkeit nicht die höchste, vollkommene Weisheit. Und darum ist sie wirklich die höchste, vollkommene Weisheit.«*

Der Buddha fragte: »Was denkst du, Subhuti, gibt es irgendein Dharma, das der Tathagata lehrt?«

Subhuti erwiderte: »Der Tathagata hat nichts zu lehren, Weltverehrter.«

«Was denkst du, Subhuti, gibt es in den dreitausend Chiliokosmen viele Staubteilchen?«

»Weltverehrter, es gibt sehr viele.«

«Subhuti, der Tathagata sagt, dass diese Staubteilchen keine Staubteilchen sind. Darum sind sie wirklich Staubteilchen. Und das, was der Tathagata Chiliokosmen nennt, sind in Wirklichkeit nicht Chiliokosmen. Und darum werden sie Chiliokosmen genannt.

Was denkst du, Subhuti, kann der Tathagata durch die zweiunddreißig Merkmale erfasst werden?«

Der Ehrwürdige Subhuti erwiderte: »Nein, Weltverehrter. Warum? Weil das, was der Tathagata die zweiunddreißig Merkmale nennt, ihrem Wesen nach keine Merkmale sind – darum nennt der Tathagata sie die zweiunddreißig Merkmale.«

»Subhuti, wenn da ein Sohn oder eine Tochter aus guter Familie sein oder ihr Leben als Akt der Freigebigkeit so oft hingäbe, wie es Sandkörner in der Ganga gibt, und wenn da eine andere Tochter oder ein anderer Sohn aus guter Familie wäre, die oder der dieses Sutra anzunehmen, zu praktizieren und es

anderen zu erklären weiß – und sei es nur eine Gatha von vier Zeilen –, so wäre das Glück, das daraus erwächst, weitaus größer.«

Subhuti fragt, wie dieses Sutra genannt werden soll und wie wir uns in seinen Lehren üben können. Der Buddha antwortet, dass dieses Sutra *Der Diamant, der die Illusion durchschneidet* heißen soll. Ein Diamant kann alle Unwissenheit und alles Leiden durchschneiden. Der Buddha fügt hinzu, dass wir es in kluger, intelligenter Weise praktizieren sollen, dass wir lernen müssen, ganz genau hinzuschauen, um zu erkennen, dass selbst vollkommene Weisheit kein unabhängig existierendes Dharma ist und dass die Lehren des Buddha keine eigenständige, abgetrennte Natur besitzen. Darum sagt Subhuti: »Der Tathagata hat nichts zu lehren.«

Würde jemand die 3000 Chiliokosmen zu Staub zermahlen, würde das sehr, sehr viele Staubteilchen ergeben. Wir müssen die Begriffe »viele« und »Chiliokosmen« ganz genau untersuchen, sie mit dem Auge der vollkommenen Weisheit betrachten, wollen wir vermeiden, uns in diese Begriffe zu verstricken. Das gilt ebenso für die Begriffe

»Staub« und »zweiunddreißig Merkmale«. Auch wenn diese Worte benutzt werden, sollten wir uns von ihnen nicht in Verwirrung bringen lassen. Nimmt eine Person diese Lehren an, übt und befolgt sie, erklärt sie anderen – und sei es nur ein Vers von vier Zeilen –, so ist das Glück, das daraus entspringt, weit größer als das Glück, das durch jedes andere tugendhafte Handeln entstehen kann. Weil die Praxis des Nicht-Anhaftens, wie sie in diesem Sutra gelehrt wird, uns vollständig von allen falschen Ansichten befreien kann, ist das Glück, das in dieser Praxis wurzelt, so viel umfassender als jede andere Art von Glück. Tugendhafte Handlungen, die auf dem Boden von Selbst, Person, Lebewesen und Lebensspanne gründen, mögen ein gewisses Maß an Glück bringen, doch verglichen mit dem Glück wahrer Befreiung ist es nur ein ganz kleines Glück. Wenn eine Person von falschen Ansichten vollkommen frei ist, werden ihre Handlungen der Welt zugute kommen. Im Geiste des Sutra über den *Diamant, der die Illusion durchschneidet* zu praktizieren ist daher die Grundlage für alle bedeutsamen Handlungen.

14
Verweilen im Nicht-Verweilenden

Als der Ehrwürdige Subhuti diese Worte hörte und ihre Bedeutung tief durchdrang, war er zu Tränen gerührt. Er sagte: »Weltverehrter, du bist wirklich einzigartig in dieser Welt. Niemals habe ich seit dem Tag, da ich, dank der Anleitung des Buddha, das Auge der Weisheit erlangt habe, solch tiefe und wunderbare Lehren wie diese gehört. Weltverehrter, wenn jemand dieses Sutra vernimmt, reines, klares Vertrauen darin entwickelt und Einsicht in seine Wahrheit erlangt, dann wird diese Person einzigartige Tugend verwirklichen. Weltverehrter, diese Einsicht in die Wahrheit ist ihrem Wesen nach keine Einsicht. Darum nennt der Tathagata sie Einsicht in die Wahrheit.

Weltverehrter, für mich ist es heute nicht schwierig, dieses wundervolle Sutra zu hören, Vertrauen darin zu haben, es zu verstehen, anzunehmen und in die Praxis umzusetzen. Doch wenn es in der Zukunft – in fünfhundert Jahren – eine Person gibt, die dieses Sutra hören kann, die Vertrauen darin hat, es versteht, annimmt und in die Praxis umsetzt, so wird die Exis-

tenz einer solchen Person eine seltene und großartige sein. Warum? Weil diese Person nicht beherrscht wird von der Vorstellung von einem Selbst, einer Person, einem Lebewesen oder einer Lebensspanne. Warum? Die Vorstellung von einem Selbst ist keine Vorstellung, und die Vorstellungen von einer Person, einem Lebewesen und einer Lebensspanne sind ebenfalls keine Vorstellungen. Warum? Buddhas werden Buddhas genannt, weil sie frei von Vorstellungen sind.«

Als der Ehrwürdige Subhuti diese Worte hörte und ihre Bedeutung tief durchdrang, war er zu Tränen gerührt. Wenn wir etwas Tiefgründiges hören oder etwas Wundervolles sehen, sind auch wir vielleicht zu Tränen des Glücks gerührt. Dann sagt Subhuti: »Niemals habe ich seit dem Tag, da ich, dank der Anleitung des Buddha, das Auge der Weisheit erlangt habe, solch tiefe und wunderbare Lehren wie diese gehört.« Die Augen der Weisheit, von denen er hier spricht, sind noch nicht die Augen der tiefsten, all-umfassenden Weisheit eines Buddha. Sie sind die Augen eines Arhat. Das bedeutet, dass Subhuti die Dinge genauer und tiefgründiger zu sehen beginnt, nachdem er so viel von dem *Diamant-Sutra* gehört hat.

Hört eine Person dieses Sutra, vertraut sie den Worten und erlangt sie Einsicht in die Wahrheit, so wird diese Person reines, klares und unerschütterliches Vertrauen haben, ohne Fragen, ohne Zweifel. *Der Diamant, der die Illusion durchschneidet* entstand etwa 500 Jahre, nachdem der Buddha ins Nirvana eingegangen war. Dieses Sutra ist nicht leicht zu verstehen, denn das, was gesagt wird, widerspricht den gewöhnlichen Wahrnehmungen der Menschen. Und daher ist jeder, der das *Diamant-Sutra* versteht, zu welcher Zeit auch immer, von sehr besonderer Art.

Subhuti fährt fort: »Die Vorstellung von einem Selbst ist keine Vorstellung, und die Vorstellungen von einer Person, einem Lebewesen und einer Lebensspanne sind auch keine Vorstellungen. Warum? Buddhas werden Buddhas genannt, weil sie frei von Vorstellungen sind.« Der Begriff »Betrachtung« kommt der Bedeutung des chinesischen Schriftzeichens übrigens näher als der Begriff »Vorstellung«, obwohl Betrachtungen selbst Vorstellungen oder Wahrnehmungen sind. Jede Wahrnehmung hat zwei Teile: eine Person, die betrachtet (das Subjekt), und etwas, das betrachtet wird (das Objekt). Eine Selbst-Betrachtung, eine Person-Betrachtung, eine Lebewesen-Betrachtung und eine Lebensspanne-Betrachtung sind alle Objekte der Wahrnehmung. Weder existieren sie unabhängig noch dauerhaft. Wie alles andere auch, ist ihre Natur Einssein und wechselseitige Durchdringung mit allen anderen Erscheinungen. Die letzte Zeile ist eine machtvolle Feststellung: »Buddhas werden Buddhas genannt, weil sie frei von Vorstellungen sind.«

Der Buddha sprach zu Subhuti: »Das ist sehr richtig. Wenn jemand dieses Sutra vernimmt und nicht erschrickt oder sich fürchtet, so ist er oder sie außergewöhnlich zu nennen. Warum? Subhuti, was der Tathagata paramaparamita *nennt, höchste Vollkommenheit, ist ihrem Wesen nach nicht höchste Vollkommenheit, und darum wird sie höchste Vollkommenheit genannt.*

Subhuti, der Tathagata hat gesagt, dass das, was vollkommene Geduld genannt wird, nicht vollkommene Geduld ist. Darum wird sie vollkommene Geduld genannt. Warum? Subhuti, vor Tausenden von Lebzeiten, als mein Körper von König Kalinga in Stücke gerissen wurde, war ich nicht der Vorstellung von einem Selbst, einer Person, einem Lebewe-

sen oder einer Lebensspanne verhaftet. Wäre ich zu jener Zeit in eine dieser Vorstellungen verstrickt gewesen, so hätte ich dem König gegenüber ein Gefühl des Grolls und des Übelwollens empfunden.«

Der Buddha benutzt hier als Beispiel vollkommene Geduld, eine der sechs Vollkommenheiten oder Paramitas, um auf den Geist tiefster Weisheit zu deuten. Gemäß den Sutras der *Prajnaparamita* (bekannt auch als die *Mutter aller Buddhas*) ist Prajnaparamita das Tongefäß, das alle anderen Paramitas enthält. Ist der Ton aber nicht richtig gebrannt worden, so wird die Flüssigkeit, die darin aufbewahrt ist, allmählich heraussickern. Darum ist Prajnaparamita die Grundlage, das Fundament. Der Buddha war fähig, vollkommene Geduld zu praktizieren, weil er vollkommene Weisheit, Prajnaparamita, erlangt hatte.

Vor Tausenden von Lebzeiten, als der Körper des Bodhisattva, der einmal der Buddha sein würde, von König Kalinga in Stücke gerissen wurde, da war der Bodhisattva in der Lage, nicht mit Wut und Zorn zu reagieren, da er bereits vollkommene Weisheit erlangt hatte; das heißt, er war nicht in Ansichten verfangen. Er war nicht in die

Vorstellung von einem Selbst, einer Person, einem Lebewesen oder einer Lebensspanne verstrickt. Wäre der Bodhisattva noch in Ansichten befangen gewesen, so hätte er Groll gegen den König empfunden, und er hätte nicht erfolgreich sein können. Wir können also sehen, dass das, was vollkommene Geduld genannt wird, in Wirklichkeit nicht nur vollkommene Geduld ist. Es ist gleichzeitig vollkommene Freigebigkeit und vollkommenes Befolgen der Regeln, ebenso wie alles andere, das nicht vollkommene Geduld ist. Genauso wie eine Rose nicht bloß eine Rose ist, so kann vollkommene Geduld nicht unabhängig von den anderen fünf Vollkommenheiten oder Paramitas existieren. Mit diesem Verständnis können wir sie vollkommene Geduld nennen. Folgen wir der Argumentation des Buddha, können wir sehen, warum er über vollkommene Geduld spricht, wenn er über Prajnaparamita, vollkommene Weisheit, lehren will.

»Ich erinnere mich auch, in alten Zeiten, fünfhundert Lebzeiten lang, vollkommene Geduld praktiziert zu haben und nicht in die Vorstellung von einem Selbst, einer Person, einem Lebewesen oder

einer Lebensspanne verstrickt gewesen zu sein. Wenn, Subhuti, ein Bodhisattva den unübertrefflichen Geist des Erwachens entwickeln will, muss er alle Vorstellungen aufgeben. Er kann sich nicht auf Form stützen, will er diesen Geist entwickeln, noch auf Klang, Ton, Geruch, Geschmack, Berührbares oder Objekt des Geistes. Nur den Geist kann er entwickeln, der an nichts verhaftet ist.«

Ein Geist, der sich noch auf irgendetwas stützt, ein solcher Geist verweilt nicht in Stille. Darum wiederholt der Buddha immer wieder, dass sich der Bodhisattva nicht auf Form stützen soll, um Freigebigkeit zu praktizieren. Um den Lebewesen wirklich Gutes tun zu können, übt sich der Bodhisattva in Freigebigkeit, ohne von etwas abhängig zu sein. In diesem Abschnitt wiederholt der Buddha noch einmal, was er bereits an verschiedenen anderen Stellen in diesem Sutra gesagt hat: Ein Geist, der sich auf nichts stützt, ist nicht verstrickt in Form, Klang, Geruch, Geschmack, Berührbares oder Objekt des Geistes. Nehmen wir zu etwas Zuflucht, das sich verändert, können wir niemals Frieden finden. Wir müssen in etwas verweilen, das unerschütterlich ist. Alle Objekte unserer sechs Sinne sind bedingt und verändern sich fortwährend. Verweilen wir in ihnen, werden wir kein Gleichgewicht erreichen können.

Heute versuchen überall in der Welt alleinerziehende Mütter oder Väter, ihre Kinder aufzuziehen. Das ist schwierig, und viele Alleinerziehende sind nicht in Frieden mit ihrer Situation. Sie haben sehr daran gearbeitet, die Vorstellung, sie brauchten einen Partner oder eine Partnerin, aufzugeben, um sich nur noch auf sich selbst zu verlassen. In der Vergangenheit haben sie vielleicht jemandem vertraut, dem es an Beständigkeit fehlte, und so scheiterte ihre Beziehung. Aber ich weiß, dass viele von ihnen noch immer den Wunsch haben, eine andere Person zu finden, der sie vertrauen können.

Es gibt viele sichere Dinge, auf die wir uns stützen können – die Erde, die Luft, den Buddha, das Dharma, die Sangha. Es ist immer besser, Zuflucht zu etwas zu nehmen, das sicher und beständig ist. Sonst – wenn das Objekt unserer Zuflucht sich ändert oder auseinanderfällt – zerbrechen vielleicht auch wir. Das Sicherste ist, im Nicht-Verweilenden zu verweilen. Bevor der vietnamesische Meditationsmeister Van Hanh starb, fragte er seine Schüler: »Wo verweilt ihr, meine Schüler? Ich verweile weder im Verweilenden noch im Nicht-Verweilenden.« Ein Geist, der irgendwo verweilt, kann letztendlich keinen Frieden finden. Daher sagt der Buddha den Bodhisattvas so oft, dass sie sich nicht auf Formen stützen sollen, um Freigebigkeit zu praktizieren. Und weil die Bodhisattvas wahrhaftig anderen Wesen Gutes tun wollen, darum üben sie in diesem Geist Freigebigkeit.

»Der Tathagata hat erklärt, dass alle Vorstellungen Nicht-Vorstellungen sind und alle Lebewesen Nicht-Lebewesen. Subhuti, der Tathagata spricht von den Dingen so, wie sie sind, er sagt, was wahr ist und mit der Wirklichkeit übereinstimmt. Er spricht nicht trügerisch oder um Menschen zu gefallen. Subhuti, wenn wir sagen, dass der Tathagata eine Lehre erkannt und verwirklicht hat, so ist diese Lehre doch weder als wahr noch als trügerisch zu erfassen.

Subhuti, ein Bodhisattva, der noch von Vorstellungen abhängig ist, wenn er sich in Freigebigkeit übt, ist wie jemand, der im Dunkeln umherirrt. Er sieht nichts. Doch ein Bodhisattva, der nicht von Vorstellungen abhängig ist, wenn er sich in Freigebigkeit übt, ist wie jemand, der mit gutem Augenlicht im strahlenden Licht der Sonne einhergeht. Er kann alle Formen und Farben erkennen.

Subhuti, wenn in künftigen Zeiten eine Tochter oder ein Sohn aus gutem Hause die Fähigkeit besitzt, dieses Sutra anzunehmen, es zu lesen und in die Praxis umzusetzen, wird der Tathagata diese Person mit seinem Weisheitsauge sehen. Der Tathagata wird diese Person erkennen, und sie wird die unermessliche, grenzenlose Frucht ihres tugendhaften Handelns ernten.«

Der Buddha sagt, dass die Wahrheit, die er erkannt und verwirklicht hat, nicht die ist, die wir gewöhnlich als Wahrheit bezeichnen. Sie liegt im mittleren Weg, jenseits der Vorstellung von wahr und jenseits der Vorstellung von trügerisch. Wir sollten dies zu verstehen suchen im Licht der Belehrung über das Floß, die an früherer Stelle gegeben wurde. Das Floß brauchen wir, um an das andere Ufer übersetzen zu können. Es ist ein wundervolles und auch notwendiges Instrument. Aber wir müssen das Floß in einer klugen Weise benutzen. Wir dürfen uns nicht daran festklammern oder es auf unserem Rücken mit uns herumtragen, wenn wir es nicht mehr benötigen. Die Lehre ist da, um uns zu helfen, nicht, damit wir von ihr besessen werden. Sie soll uns nicht irreführen; doch vielleicht werden wir von ihr in die Irre geführt, weil wir uns an sie klammern. Der Finger, der auf den Mond weist, ist nicht der Mond. Wir brauchen den Finger, um den Mond zu sehen. Der Finger täuscht uns nicht, aber wenn wir uns an ihm festhalten, übersehen wir vielleicht den Mond und fühlen uns von dem Finger getäuscht.

Solange wir noch in Vorstellungen und Zeichen verstrickt sind, so lange werden wir von ihnen geblendet. Gehen wir in der Dunkelheit umher, können wir die Wirklichkeit nicht so sehen, wie sie ist. Doch sind wir frei von der Vorstellung von Zeichen – von Form, Klang, Geruch, Geschmack, Berührbarem und Objekt des Geistes –, sind wir wie die, die mit vollkommenem Sehvermögen in der Mittagssonne wandeln. Wir können direkt und unmittelbar in die Welt der wundervollen Wirklichkeit hineinschauen, in der alles seine wahre Natur enthüllt.

15
Große Entschlossenheit

Subhuti, wenn da auf der einen Seite eine Tochter oder ein Sohn aus gutem Hause ihr oder sein Leben als Akt der Freigebigkeit am Morgen so viele Male hingäbe, wie es Sandkörner in der Ganga gibt, und es ebenso oft am Nachmittag hingäbe und am Abend und dies durch unendliche Zeiten hindurch fortsetzte und wenn da auf der anderen Seite eine Person wäre, die dieses Sutra mit vollkommenem Vertrauen und ohne jeden Widerstreit vernimmt, so würde das Glück dieser Person weitaus größer sein. Doch das Glück einer Person, die das Sutra niederschreibt, es annimmt, rezitiert und anderen erklärt, dieses Glück ist unvergleichbar.

Mit anderen Worten, Subhuti, dieses Sutra bringt grenzenlose Tugend und unendliches Glück hervor, die weder vorstellbar noch ermessbar sind. Wenn jemand fähig ist, dieses Sutra anzunehmen, es zu praktizieren, zu rezitieren und mit anderen zu teilen, dann wird der Tathagata diese Person sehen und erkennen, und sie wird unvorstellbare, unbeschreibbare und unvergleichbare Verdienste erlangen. Eine solche Person wird fähig sein, den höchsten, vollkom-

men erwachten Werdegang des Tathagata auf sich zu nehmen. Warum? Subhuti, wenn sich eine Person mit den begrenzten Lehren zufrieden gibt, wenn sie noch in die Vorstellung von einem Selbst, einer Person, einem Lebewesen oder einer Lebensspanne verstrickt ist, dann wird sie nicht imstande sein, dieses Sutra zu hören, es anzunehmen, zu rezitieren und anderen zu erklären. Subhutt, jeder Ort, an dem dieses Sutra bewahrt wird, ist ein Ort, den Götter, Menschen und Asuras aufsuchen, um Opfergaben zu bringen. Ein solcher Ort ist eine heilige Stätte und sollte durch feierliche Zeremonien verehrt werden, er sollte umschritten werden, und Blumen und Räucherwerk sollten dargebracht werden.«

Beachtet bitte den Begriff »niederschreiben« am Ende des ersten Abschnitts. Mehr als fünfhundert Jahre lang wurden die Texte des Kanons mündlich weitergegeben. Sie wurden erst gegen Ende des ersten Jahrhunderts n. u. Z. auf Palmblätter aufgeschrieben. In dieser Zeit, vielleicht auch zwanzig oder dreißig Jahre früher, tauchte das Sutra über den *Diamant, der die Illusion durchschneidet* auf.

In diesem Teil erwähnt der Buddha die »kleinen Lehren«. Diese kleinen Lehren sind authentische

Lehren des Buddha, aber sie sind nicht seine tiefgründigsten. Die Lehren des Buddha können mit einem Schloss verglichen werden, das aus einem äußeren Raum und vielen inneren Gemächern besteht. Bleiben wir in dem äußeren Raum, kommen uns nur ein Tisch, ein Stuhl und ein paar andere kleinere Bequemlichkeiten zugute. Vielleicht sind wir mit der Absicht zum Buddha gekommen, Linderung unserer größten Leiden zu erfahren, doch wenn wir damit zufrieden sind, uns in dem äußeren Raum aufzuhalten, werden wir nur geringe Linderung erreichen. Fühlen wir uns ruhig genug, öffnen wir vielleicht die Tür und gehen weiter in die inneren Gemächer des Hauses. In diesen Räumen werden wir viele kostbare Edelsteine und Schätze entdecken. Als Erben des Buddha sollten wir uns darum bemühen, seine kostbarsten Geschenke zu empfangen. Sie können uns die Energie und Entschlossenheit geben, vielen anderen Menschen zu helfen. Diese Geschenke werden das »große Dharma« genannt. Das große Dharma bildet das Herz eines Bodhisattva. Mit »kleinen Lehren« sind hier Belehrungen gemeint, die nur den Sravakas, nicht den Bodhisattvas gegeben wurden.

16
Das letzte Zeitalter

Überdies, Subhuti – wird ein Sohn oder eine Tochter aus guter Familie verachtet und verleumdet, während er oder sie das Sutra rezitiert und praktiziert, so werden die Missetaten, die er oder sie in vergangenen Leben beging – auch solche, die ein übles Schicksal nach sich ziehen könnten –, ausgelöscht, und er oder sie wird die Frucht des höchsten, vollkommen erwachten Geistes erlangen. Subhuti, in alten Zeiten, bevor ich dem Buddha Dipankara begegnete, da opferte und diente ich bereits allen 84000 Myriaden von Millionen von Buddhas. Wenn aber jemand fähig ist, dieses Sutra im letzten Zeitalter aufzunehmen, es zu rezitieren, zu studieren und zu praktizieren, so ist das Glück, das durch dieses tugendhafte Handeln hervorgebracht wird, hunderttausend Male größer als das Glück, das ich in alten Zeiten bewirkt habe. Tatsächlich ist ein solches Glück nicht vorstellbar, und es kann mit nichts verglichen werden, auch durch Zahlen nicht. Solches Glück ist unermesslich.«

Die Begriffe »verachten« und »verleumden« sind Übersetzungen des Sanskrit-Begriffs *parimuta.*

Dieser Abschnitt vermittelt uns den Eindruck, dass das *Diamant-Sutra* bereits zu der Zeit, als es niedergeschrieben wurde, von einigen verurteilt wurde, die vielleicht kritisierten, diese Lehren seien nicht die ursprünglichen Worte des Buddha. Es ist wahrscheinlich, dass dann auch die, die das Sutra rezitierten, verunglimpft wurden. Und darum wird im Text des Sutra selbst davon gesprochen, dass alle, die ihr Vertrauen in diese Lehren bewahren, dass alle, die diese Lehren studieren und praktizieren, unermessliche Tugend und unermessliches Glück hervorbringen. Ihre Missetaten aus der Vergangenheit werden vergeben, selbst jene, durch die sie in die drei üblen Bereiche – die Bereiche der Höllenwesen, der Hungergeister und der Tiere – kommen würden, und sie werden den höchsten, vollkommen erwachten Geist verwirklichen.

In der heutigen Zeit ist der Mahayana-Buddhismus zu einer Tradition geworden, und die Zahl der Menschen, die diese Lehren verdammen, ist relativ gering. Doch zu einer Zeit, in der ein Sutra wie dieses erschien, konnten diejenigen zur Zielscheibe von Angriffen werden, die es studierten, rezitierten, praktizierten, abschrieben und verbreiteten. Und so gibt der Buddha ein Beispiel: Er sagt, dass er in alten Zeiten noch vor seiner Begegnung mit dem Buddha Dipankara – bereits 84000 Myriaden von Millionen von Buddhas Opfergaben dargebracht und ihnen gedient hatte, dass aber das Glück, das durch diese tugendhaften Handlungen hervorgebracht wurde, sehr viel geringer ist als das Glück, das von einer Person erwirkt wird, die am Ende der letzten Epoche geboren, dieses Sutra studiert und praktiziert. Mit dem »Ende der letzten Epoche« ist die Zeit gemeint, in der die tiefgründigsten Lehren des Buddha keine Chance mehr haben, weiter verbreitet zu werden.

»Subhuti, das Glück, das dem tugendhaften Handeln eines Sohnes oder einer Tochter aus gutem Hause entspringt, der oder die dieses Sutra im letzten Zeitalter annimmt, es rezitiert, studiert und praktiziert, wird so groß sein, dass manche Menschen misstrauisch und gläubig werden; suchte ich es jetzt in Einzelheiten zu erklären, ihr Geist könnte sich verwirren.

Subhuti, du musst wissen, dass die Bedeutung dieses Sutras jenseits von Gedanken und Worten liegt. Und ebenso liegt die Frucht, hervorgebracht durch das Annehmen und Praktizieren dieses Sutra, jenseits von Gedanken und Worten.«

Im *Ekottara Agama* zählt der Buddha vier Dinge auf, die weder vorgestellt noch erklärt werden können: (1) die Tugend eines Buddha, (2) der Zustand einer Person, die in Versenkung ruht, (3) Karma und die Tragweite von Karma und (4) der Ursprung des Universums. Alle, die denken: »Ich habe dieses Sutra bereits gründlich und vollständig durchdrungen«, haben dieses Sutra nicht wirklich verstanden. Das Sutra über den *Diamant, der die Illusion durchschneidet* zu studieren und zu praktizieren wird zu einem Frieden, einer Freude und einem Tun führen, die die Kraft haben, die Welt zu verändern. Das Glück, das so entsteht, ist jenseits jeder Vorstellung und jeder Erörterung.

Selbst wenn wir nur Geschirr abwaschen, können der Frieden und das Glück, die wir aus der praktischen Umsetzung des Sutra erfahren, während wir Geschirr abwaschen, nicht beschrieben werden – sie liegen jenseits jeder Vorstellung und jeder Erörterung. Das Verdienst, das aus dem Geschirrabwaschen entsteht, wird unermesslich sein.

17
Die Antwort liegt in der Frage

Da wandte sich der Ehrwürdige Subhuti an den Buddha und sagte: »Weltverehrter, darf ich dich erneut fragen: Wenn Töchter oder Söhne aus guter Familie höchsten, vollkommen erwachten Geist zu erwecken suchen, auf was sollen sie sich stützen und was sollen sie tun, um ihr Denken zu beherrschen?«

Der Buddha erwiderte: »Subhuti, ein Sohn oder eine Tochter aus guter Familie, der oder die höchsten, vollkommen erwachten Geist zu erwecken sucht, sollte folgendermaßen denken: ›Wir müssen alle Wesen zum Ufer des Erwachens führen, doch nachdem diese Wesen befreit sind, denken wir in Wirklichkeit nicht, dass auch nur ein einziges Wesen befreit ist.‹ Warum ist das so? Subbuti, wenn ein Bodhisattva noch in die Vorstellung von einem Selbst, einer Person, einem Lebewesen oder einer Lebensspanne verstrickt ist, dann ist diese Person kein echter Bodhisattva. Warum?

Subhuti, in Wirklichkeit gibt es kein unabhängig existierendes Objekt des Geistes, das höchster, vollkommen erwachter Geist genannt wird. Was meinst du, Subbuti? Als der Tathagata in alten Zeiten mit dem Buddha Dipankara lebte, erlangte er da etwas, das höchster, vollkommen erwachter Geist heißt?«

»Nein, Weltverehrter. Wenn ich die Lehren des Buddha richtig verstanden habe, gibt es kein Erlangen von etwas, das höchster, vollkommen erwachter Geist heißt.

Der Buddha sagte: »Du hast recht, Subhuti. In Wirklichkeit gibt es den sogenannten höchsten, vollkommen erwachten Geist, den der Tathagata erlangt hat, nicht. Wenn es nämlich einen solchen gäbe, dann hätte der Buddha Dipankara nicht von mir vorausgesagt: ›In der Zukunft wirst du ein Buddha namens Shakyamuni sein.‹ Diese Prophezeiung erfolgte, weil es in Wirklichkeit nichts gibt, das erlangt werden kann und das höchster, vollkommen erwachter Geist heißt. Warum? Tathagata bedeutet die Soheit aller Dinge (Dharmas). Würde jemand behaupten, der Tathagata habe höchsten, vollkommen erwachten Geist erlangt, so irrte er, denn es gibt keinen höchsten, vollkommen erwachten Geist, der zu erlangen wäre. Subhuti, der höchste, vollkommen erwachte Geist, den der Tathagata erlangt hat, ist weder erfassbar noch nicht erfassbar. Daher hat der Tathagata gesagt: ›Alle Dharmas sind Buddhadharma.‹ Das, was alle Dharmas genannt wird, sind in Wirklichkeit alles Nicht-Dharmas. Darum werden sie alle Dharmas genannt.«

Der Buddha wiederholt hier, was er bereits am Anfang des Sutra ausgeführt hat, um die Samen zu wässern, die damals in unser Bewusstsein gesät wurden. In diesem Abschnitt gibt es Dinge, die schon ganz klar sind, andere müssen dagegen noch einmal betrachtet werden.

Tathagata bedeutet Soheit, die Soheit aller Geistesobjekte, aller Dharmas. Alle Objekte des Geistes haben ihre äußere Erscheinung, die »trügerisches Zeichen« genannt wird. Hält unser Geist an dieser trügerischen Form fest, macht er eine »falsche Wahrnehmung«. Die Vorstellungen von Geburt und Tod, hoch und niedrig, eins und viele sind alle falsch. Wenn wir alle falschen Wahrnehmungen durchbrechen und direkt zur wahren Natur aller Geistesobjekte vordringen können, werden wir mit der Soheit in Berührung sein. Mit der Soheit aller Dharmas in Berührung sein bedeutet den Tathagata sehen, und den Tathagata sehen bedeutet, mit der Soheit aller Dharmas in Berührung zu sein. Der Tathagata ist die Soheit aller Objekte des Geistes.

»Würde jemand behaupten, der Tathagata habe höchsten, vollkommen erwachten Geist erlangt, so irrte er, denn es gibt keinen höchsten, vollkommen erwachten Geist, der zu erlangen wäre.« Glauben wir, dass wir nun etwas hätten, was wir zuvor noch nicht hatten, sind wir in die Vorstellungen von Haben und Nicht-Haben verstrickt, und wir sehen die Soheit nicht. Durch das Prisma unserer falschen Wahrnehmungen sehen wir Sein und Nicht-Sein, Gewinn und Verlust, Erlangen und Nicht-Erlangen – wir versäumen, die Soheit aller Dharmas zu sehen.

»Subhuti, der höchste, vollkommen erwachte Geist, den der Tathagata erlangt hat, ist weder erfassbar noch nicht erfassbar.«

Wir glauben vielleicht, dass Geburt und Tod, eins und viele, Gewinn und Verlust unrichtig seien, dass aber Soheit wahr sei. Doch die Soheit ist frei von allen Begriffen wie wahr und falsch, erfassbar und trügerisch. Wenn wir sagen, andere Geistesobjekte seien trügerisch, aber Soheit nicht, so ist auch das ein Fehler. Wie alle anderen Begriffe entspringen auch »trügerisch« und »nicht-trügerisch« falschen Wahrnehmungen und sind in keiner Weise auf Soheit zu beziehen. Und darum kann der Tathagata sagen: »Alle Dharmas sind Buddhadharma.«

Ein Zen-Meister sagte: »Essen, trinken und die Toilette benutzen sind Buddhadharma.« Weil Buddhadharma aus Nicht-Buddhadharma-Elementen besteht, kann Buddhadharma nicht außerhalb von Nicht-Buddhadharma gefunden werden. Das ist im *Ratnakkta Sutra* genau dargelegt, und diejenigen, die den Buddhismus in den Westen bringen, sollten dies gut verstehen. Sie sollten fähig sein, sich in die westliche Kultur hineinzubegeben und die vielen Werte des Westens als Buddhadharma zu sehen. Drogensucht, Alkoholismus und sexuelles Fehlverhalten ruinieren das Leben vieler junger Leute; doch wenn wir genau hinsehen, können wir ihre wahre Natur erkennen und diese Menschen in Buddhadharma umwandeln. Betrachten wir direkt das Leiden, werden wir Antworten finden. Ein Philosoph sagte einmal, dass eine wirkliche Frage die Antwort bereits in sich trage. Gibt ein Lehrer euch eine gute Mathematikaufgabe, ist die Antwort bereits da.

Wenn wir fragen: »Was ließ das Universum entstehen?«, ist keine Antwort möglich, weil wir keine wirkliche Frage gestellt haben. Sie enthält nämlich die Annahme, dass das Universum aus einer einzigen Ursache heraus entstanden sei, und kein Phänomen entstand jemals aus einer einzigen Ursache heraus. Alles hat unzählige Ursachen. In einer Blume gibt es den Boden, die Wolken, den Kompost, das Bewusstsein, den Regen und die Sonne. Weil die Frage: »Wer oder was ließ das Universum entstehen?«, keine wirkliche, wahre Frage ist, kann die Antwort in ihr nicht gefunden werden. Kann das Leiden der Menschen, das aus Drogensucht, Alkoholismus und sexuellem Fehlverhalten herrührt, richtig in einer Frage formuliert werden, wird die Antwort in ihr gefunden werden können. Wo eine wahre Frage ist, ist Buddhadharma bereits da. Die Art und Weise, wie wir eine Frage formulieren, ist sehr wichtig.

Vergessen die Menschen, die den Buddhismus im Westen lehren, dass alle Dharmas Buddhadharma sind, dann werden sie sich wie ein Tropfen Öl in einem Glas Wasser fühlen. Wenn Menschen im Westen in ihre Gesellschaft eine exotische Form des Buddhismus einführen und meinen, dieser besondere Ausdruck des Buddhismus sei der einzig wahre Buddhismus, dann wird sich das

Öl niemals in Wasser auflösen. Der Buddhismus wird im Westen nur erfolgreich sein können, wenn er aus euren Erfahrungen heraus erwächst und die Bestandteile eurer Kultur integriert. Praktiziert ihr in genau der gleichen Weise, in der der Buddhismus in Vietnam, Tibet, Thailand, Burma, Sri Lanka, Japan oder Korea praktiziert wird, werden die Öltropfen immer vom Wasser getrennt bleiben. Bitte, nutzt als westliche Buddhisten und Buddhistinnen die vielen Elemente eurer Kultur, um den Stoff des Buddhadharma zu weben.

Obwohl dieser Teil des Sutra einigen der vorangegangenen Abschnitte ähnlich scheint, werden wir bei sorgfältigem Lesen viele neue Elemente finden. »Alle Dharmas sind Buddhadharma«, ist eine kurze Feststellung, aber sie enthüllt die tiefgründigsten Lehren des Buddha.

»Subhuti, man kann dies vergleichen mit der Vorstellung von einem großen menschlichen Körper.«

Subhuti sagte: »Was der Tathagata einen großen menschlichen Körper nennt, ist in Wirklichkeit nicht ein großer menschlicher Körper.«

»Subhuti, das Gleiche gilt für Bodhisattvas. Wenn ein Bodhisattva denkt, dass er alle Lebewesen zu

befreien habe, dann ist er noch kein Bodhisattva. Warum? Subhuti, es gibt kein unabhängig existierendes Objekt des Geistes, das Bodhisattva heißt. Daher hat der Buddha erklärt, dass alle Dharmas ohne ein Selbst, eine Person, ein Lebewesen oder eine Lebensspanne sind. Subhuti, wenn ein Bodhisattva denkt: ›Ich muss ein harmonisches, schönes Buddha-Feld schaffen‹, dann ist diese Person noch kein Bodhisattva. Warum? Das, was der Tathagata ein harmonisches, schönes Buddha-Feld nennt, ist in Wirklichkeit nicht ein harmonisches, schönes Buddha-Feld. Und darum wird es harmonisches, schönes Buddha-Feld genannt. Subhuti, jeder Bodhisattva, der das Prinzip von Nicht-Selbst und Nicht-Dharma von Grund auf versteht, wird von dem Tathagata als wahrer Bodhisattva bezeichnet.«

Der Buddha sagt, dass alle Objekte des Geistes Vorstellungen sind, auch das Geistesobjekt, das Bodhisattva genannt wird. Benutzen wir die Sprache der Dialektik der Prajnaparamita, praktizieren wir gemäß den Prinzipien von Nicht-Selbst und Nicht-Dharma. Alle buddhistischen Schulen sprechen von Nicht-Selbst. Die Schule der Sarvastivadin drückt dies in folgender Weise aus: »Selbst wenn das Selbst nicht existiert, existieren Dharmas.« Die Existenz dieser Geistesobjekte (Dharmas) vermittelt den Eindruck, dass ein Selbst existiere. Der Mahayana-Buddhismus öffnet ein anderes Tor und erklärt, dass auch das, was wir Geistesobjekte oder Dharmas nennen, keine Selbstnatur hat. Die Lehre vom Nicht-Selbst gilt nicht nur für Menschen und sogenannte Lebewesen, sondern auch für andere Objekte – wie Tisch oder Haus. Selbst und Dharma sind nur Vorstellungen und Begriffe. Sie sind wie ein Spiel. Wir sollten unsere Meditationspraxis damit beginnen, tief in die Dinge hineinzuschauen, und nicht zulassen, dass unser Geist sich im Spiel der Wörter, des Denkens und Spekulierens verwirrt.

Leerheit ist nicht nur die Natur menschlicher Wesen und anderer sogenannter Lebewesen, Leerheit ist auch die Natur der Dinge, die wir Dharmas, Dinge oder unbelebte Objekte nennen. Ein wahrer Bodhisattva ist jemand, der oder die keine Trennung sieht zwischen Organischem und Anorganischem, zwischen Selbst und Nicht-Selbst, Lebewesen und Nicht-Lebewesen, Bodhisattvas und Nicht-Bodhisattvas.

Vierter Teil

Berge und Flüsse sind unser Körper

18
Die Wirklichkeit ist ein stetig fließender Strom

»Subhuti, was denkst du, besitzt der Tathagata das menschliche Auge?«

Das menschliche Auge ist das Auge, das wir alle haben und das Blumen, den blauen Himmel und die weißen Wolken sehen kann. Hat der Buddha, der Erwachte, ganz gewöhnliche menschliche Augen?

Subhuti erwiderte: »Ja, Weltverehrter, der Tathagata besitzt das menschliche Auge.«

Der Buddha fragte: »Subhuti, was denkst du, besitzt der Tathagata das göttliche Auge?«

Subhuti sagte: »Ja, Weltverehrter, der Tathagata besitzt das göttliche Auge.«

Das göttliche Auge ist das Auge, das die Götter haben und das ganz nah und ganz fern sehen kann – auch in Dunkelheit und durch Hindernisse hindurch.

»Subbutz, was denkst du, besitzt der Tathagata das Auge der Einsicht?«

Das Auge der Einsicht ist das Auge, das die wahre Natur der Lebewesen – ihr Nicht-Selbst – sehen kann, ebenso wie die Unbeständigkeit der Objekte des Geistes. Es ist das Auge der *Sravakas* und der *Pratyeka-Buddhas*.

Subbutz erwiderte: »Ja, Weltverehrter, der Tathagata besitzt das Auge der Einsicht.«

»Subhuti, was denkst du, besitzt der Tathagata das Auge der vollkommenen Weisheit?«

Das Auge der vollkommenen Weisheit ist das Auge der Bodhisattvas, das die wahre Natur aller Geistesobjekte – ihre Leerheit – sehen kann. Es kann die Natur des erwachten Geistes und die Natur des großen Gelöbnisses sehen. Ein oder eine Bodhisattva erkennt mit dem Auge der vollkommenen Weisheit, dass er oder sie mit allen Wesen die gleiche Natur der Leerheit teilt und dass von daher seine oder ihre Befreiung mit der aller Wesen zusammenfällt.

»Ja, du von aller Welt Verehrter, der Tathagata besitzt das Auge der vollkommenen Weisheit.«

Der Buddha fragte: »Besitzt der Tathagata das Buddha-Auge?«

»Ja, Weltverehrter, der Tathagata besitzt das Buddha-Auge.«

Das Buddha-Auge ist das Auge, das ganz deutlich Vergangenheit, Gegenwart und Zukunft sehen kann, ebenso auch den Geist aller Lebewesen in Vergangenheit, Gegenwart und Zukunft.

Diese fünf Fragen und Antworten machen deutlich, dass der Buddha nicht nur über das Buddha-Auge, sondern auch über die Augen der Bodhisattvas, Sravakas, Götter, Menschen und aller anderen Lebewesen verfügt. Die Tatsache, dass der Buddha ein menschliches Auge hat, gibt uns ein angenehmes Gefühl. Wir fühlen uns dem Buddha näher, denn es bedeutet, dass das, was der Buddha vollbracht hat, auch uns möglich ist, zu vollbringen.

»Subhuti, was meinst du, betrachtet der Buddha den Sand in der Ganga als Sand?«

Subhuti sagte: »Weltverehrter, auch der Tathagata nennt ihn Sand.«

»Subhuti, wenn es so viele Ganga-Ströme gäbe, wie es Sandkörner in der Ganga gibt, und wenn es für jedes dieser Sandkörner in allen Ganga-Strömen ein Buddha-Land gäbe, wären diese Buddha-Länder dann zahlreich?«

»Ja, Weltverehrter, sie wären sehr zahlreich.«

Der Buddha sagte: »Subhuti, wie viele Lebewesen es auch in all diesen Buddha-Ländern geben mag und wiewohl sie alle verschiedene Mentalitäten haben, der Tathagata versteht sie alle. Warum ist das so? Subhuti, das, was der Tathagata verschiedene Mentalitäten nennt, sind in Wirklichkeit nicht verschiedene Mentalitäten. Und darum werden sie verschiedene Mentalitäten genannt.«

Der Buddha beginnt hier, über den Geist zu sprechen. Diese Belehrung ist im *Ratnakuta-Sutra*, das zwischen dem zweiten und dritten Jahrhundert bekannt wurde, ausführlicher dargelegt, besonders in dem Kapitel »Manifestationen des Bewusstseins«. Darin wird ebenfalls vom menschlichen

Auge, dem göttlichen Auge, dem Auge der Einsicht, dem Auge der vollkommenen Weisheit und dem Buddha-Auge gesprochen.

Dieser Abschnitt des *Diamant-Sutra* erklärt in aller Kürze, dass das Buddha-Auge das Auge ist, das in den Geist aller Lebewesen hineinschaut. Der Buddha hat ein profundes Wissen über die Mentalitäten aller Wesen. Er sagt: Gäbe es so viele Ganga-Ströme wie Sandkörner in der Ganga und wäre die Zahl der Welten so groß wie die Zahl der Sandkörner in all diesen Strömen, so würde er doch die Mentalitäten aller Wesen in all diesen Welten kennen. Das bedeutet, dass der Buddha ein ganz tiefes Verständnis vom Geist besitzt. Der Geist, von dem hier die Rede ist, umfasst neben dem, was die gegenwärtige Psychologie unter Geist versteht, auch die Wurzeln und die Natur aller psychischen Phänomene, die nicht durch die Geburt und den Tod psychischer Erscheinungen bedingt sind.

Die moderne Psychologie untersucht psychische Phänomene nur an ihrer Oberfläche. Im Buddhismus beginnt das Studium des Geistes an den Wurzeln, so dass der Buddha beides sieht – sowohl den phänomenalen Aspekt der verschiedenen Mentalitäten als auch deren wahre Natur. Der Tathagata versteht all diese verschiedenen Mentalitäten, denn das, was wir verschiedene Mentalitäten nennen, sind in Wirklichkeit nicht verschiedene Mentalitäten.

»Warum? Subhuti, der vergangene Geist kann nicht erfasst werden, noch der gegenwärtige oder der zukünftige Geist.«

Wie können wir ein wirkliches Verständnis vom Geist erlangen, wenn wir den psychischen Phänomenen immer weiter nachgehen und versuchen, sie zu erfassen und festzuhalten? Deshalb ist es für die moderne Psychologie so schwierig, den Geist wirklich zu erfassen. Es ist die Praxis des Buddhismus, durch direkte, unmittelbare Erfahrung mit dem wahren Geist in Berührung zu kommen. Durch psychologische Studien, Untersuchungen, Theorien und Vergleiche der verschiedenen geistigen Phänomene kann man den Geist nicht wirklich erfassen, denn der vergangene Geist kann nicht erfasst werden, noch der gegenwärtige oder der zukünftige Geist. Sobald irgendein Gedanke entsteht, löst er sich sofort wieder auf.

In diesem Sutra lernen wir, mit Worten, Begriffen und Vorstellungen umzugehen. Worte benutzt man, um Vorstellungen zu benennen oder zu beschreiben, doch sobald wir die Dinge so sehen, wie sie sind, sehen wir, dass sowohl Worte als auch Vorstellungen nicht die Dinge selbst sind. Worte und Vorstellungen sind starr und bewegungslos, während Wirklichkeit ein stetig fließender Strom ist. Es ist unmöglich, lebendige Wirklichkeit in einen starren Rahmen zu pressen. Wir sollten uns immer daran erinnern, wenn wir versuchen, etwas zu beschreiben. Es gibt immer einen gewissen Abstand zwischen unseren Worten oder Begriffen und dem, was wir beschreiben.

Es gibt eine berühmte Geschichte über einen chinesischen Mönch, der auf dem Weg zu Zen-Meister Sung Tin in Long Dam war. Am Abend kam er zum Fuße des Berges, wo der Zen-Meister lebte, und er wollte die Nacht in einem Gasthaus verbringen, das von einer älteren Frau geführt wurde. Als der Mönch dort ankam, hielt er eine Abschrift des *Diamant-Sutra* in den Händen, und die alte Frau, die mit diesem Sutra sehr vertraut war, bemerkte es.

Am Morgen sagte der Mönch: »Guten Morgen,

kann ich etwas haben, um auf den Geist zu zeigen?« (Die chinesischen Schriftzeichen für *tien-hsin* (ein Frühstücksimbiss) haben auch die Bedeutung »auf den Geist zeigen«.)

Die alte Frau fragte zurück: »Auf welchen Geist willst du zeigen – den vergangenen, gegenwärtigen oder zukünftigen Geist?«

Der Mönch war nicht imstande, eine Antwort zu geben. Er schämte sich, gab seinen Plan auf, den Meister treffen zu wollen und kehrte nach Hause zurück. Er hatte das Gefühl, wenn er noch nicht einmal die Frage einer alten Wirtin beantworten konnte, um wie viel weniger konnte er da einem wahren Meister entgegentreten.

Hätte die alte Frau mir dieselbe Frage gestellt, wäre meine Antwort vielleicht die folgende gewesen: »Ich brauche weder den vergangenen noch den gegenwärtigen oder zukünftigen Geist. Ich bin hungrig, und ich möchte nur etwas zu essen!« Ich hätte meinen leeren Bauch berühren können, während ich sprach. Die Vorstellung, dass der vergangene, gegenwärtige und zukünftige Geist nicht erfasst werden könnten, ist eine ausgezeichnete Vorstellung, aber immer noch eine Vorstellung. Wir müssen essen. Das ist eine lebendige Wirklichkeit. Seid ihr hungrig, braucht ihr euer Frühstück. Warum solltet ihr euch von einer gesprächigen Wirtin beeindrucken lassen?

19
Großes Glück

»Was meinst du, Subhuti, wenn jemand die dreitausend Chiliokosmen als Akt der Freigebigkeit mit kostbaren Schätzen füllen würde, könnte diese Person durch ihr tugendhaftes Handeln großes Glück bewirken ?«

»Ja, sehr großes, Weltverehrter.«

»Subhuti, wäre dieses Glück als etwas zu betrachten, das unabhängig und eigenständig von allem andere existiert, dann hätte der Tathagata nicht gesagt, dass groß ist; doch weil es unfassbar ist, hat der Tathagata gesagt, dass das tugendhafte Handeln dieser Person großes Glück hervorgebracht hat.«

Dieser Abschnitt unterstreicht die Tatsache, dass es möglich ist, Worte und Begriffe zur wirklichen Kommunikation zu nutzen, solange man sich nicht in Worte und Begriffe verfängt und sich von ihnen verwirren lässt. Das können wir aber nur verhindern, wenn wir die Natur der wechselseitigen Durchdringung und des Einsseins in allem sehen.

20
Die zweiunddreißig Merkmale

»Subhuti, was denkst du, kann der Tathagata an seinem vollkommen gestalteten Körper erkannt werden?«

»Nein, du von aller Welt Verehrter, das, was der Tathagata einen vollkommen gestalteten Körper nennt, ist in Wirklichkeit nicht ein vollkommen gestalteter Körper. Und darum wird er vollkommen gestalteter Körper genannt.«

»Was meinst du, Subhuti, kann der Tathagata an seiner vollkommen gestalteten äußeren Erscheinung erkannt werden?«

»Nein, Weltverehrter. Es ist unmöglich, den Tathagata an einer vollkommen gestalteten äußeren Erscheinung zu erkennen. Warum? Weil das, was der Tathagata eine vollkommen gestaltete äußere Erscheinung nennt, in Wirklichkeit nicht eine vollkommen gestaltete äußere Erscheinung ist. Und darum wird sie vollkommen gestaltete äußere Erscheinung genannt.«

Der Legende zufolge besteht die vollkommene Physiognomie des Buddha aus zweiunddreißig Merkmalen.

Doch sowohl der Buddha als auch Subhuti sagen, dass der Tathagata durch keine körperliche Form erkannt werden kann. Wie auch alle anderen Formen haben körperliche Formen Namen, aber sowohl Namen als auch Formen sind durch Begriffe und Vorstellungen eingegrenzt und können von daher die lebendige, grenzenlose Wirklichkeit nicht umfassen. Diese Belehrung über die Verwendung und den Nutzen von Worten und Begriffen wird im folgenden Abschnitt fortgesetzt.

21
Einsicht in das Leben

»Subhutz, behaupte nicht, dass der Tathagata die Vorstellung hegt: ›Ich werde eine Belehrung geben.‹ Denke nicht in dieser Weise. Warum? Wenn jemand sagt, der Tathagata habe etwas zu lehren, so verleumdet diese Person den Buddha, denn sie versteht nicht, was ich sage. Subhuti, einen Dharma-Vortrag zu halten bedeutet in Wirklichkeit, dass kein Vortrag gehalten wird. Das ist wahrhaft ein Dharma-Vortrag.«

Daraufhin wandte sich der Ehrwürdige Subhuti an den Buddha: »Weltverehrter, in der Zukunft wird es Lebewesen geben, die vollkommenes Vertrauen empfinden, wenn sie diese Worte vernehmen.«

Der Buddha sagte: »Subhuti, solche Lebewesen sind weder Lebewesen noch Nicht-Lebewesen. Warum? Subhuti, das, was der Tathagata Nicht-Lebewesen nennt, sind wahrhaft Lebewesen.«

Können wir bei der Betrachtung einer Rose die Nicht-Rose-Elemente sehen, dann ist es für uns ungefährlich, das Wort »Rose« zu benutzen. Betrachten wir A und sehen, dass A nicht A ist, dann wissen wir, dass A wirklich A ist. Dann ist A kein gefährliches Hindernis mehr für uns.

Bleibt uns stets bewusst, dass Wirklichkeit nicht durch Worte, Begriffe, Rede oder Symbole ausgedrückt werden kann, können wir die Lehren des Buddha in diesem Textabschnitt leicht verstehen.

22
Die Sonnenblume

Subhuti fragte den Buddha: »Weltverehrter, ist der höchste, vollkommen erwachte Geist, den der Buddha erlangt hat, das Nicht-Erlangbare ?

Der Buddha sagte: »Das ist richtig, Subhuti. Bezüglich des höchsten, vollkommen erwachten Geistes habe ich überhaupt nichts erlangt. Und darum wird er der höchste, vollkommen erwachte Geist genannt.«

Wir begegnen hier dem Begriff des Nicht-Erlangbaren. Glauben wir, der Buddha habe ein unabhängig Existierendes erlangt, dann kann dieses Erlangte nicht höchster, vollkommen erwachter Geist genannt werden. In dem Augenblick, in dem die Vorstellung von einem höchsten, vollkommen erwachten Geist entsteht, da entschwindet der höchste, vollkommen erwachte Geist. Darum sagt der Buddha: »Ich habe nichts erlangt.«

Vor vielen Jahren schrieb ich ein Gedicht über eine Sonnenblume. Die Sonnenblume ist Prajnaparamita, die vollkommene Weisheit.

Komm, meine Liebe, mit deinen
unschuldigen Augen,
betrachte das klare, blaue Meer
des Dharmakaya.
Selbst wenn die Welt in Stücke bricht,
dein Lächeln wird nie verlöschen.
Was gewann ich gestern?
Und was werde ich morgen verlieren?
Komm, meine Liebe,
mit meinem Finger zeige ich
auf die Welt voller Trugbilder.
Da die Sonnenblume bereits da ist,
wenden sich ihr alle Blumen zu,
um sie zu betrachten.

23
Der Mond ist nur der Mond

»Darüber hinaus, Subhuti, ist dieser Geist überall gleich. Weil er weder hoch noch niedrig ist, heißt er der höchste, vollkommen erwachte Geist. Die Frucht des höchsten, vollkommen erwachten Geistes wird durch die Übung aller heilsamen Handlungen verwirklicht im Geiste von Nicht-Selbst, Nicht-Person, Nicht-Lebewesen und Nicht-Lebensspanne. Subhuti,

das, was heilsame Handlungen genannt werden, sind in Wirklichkeit nicht heilsame Handlungen. Und darum werden sie heilsame Handlungen genannt.

Wir kommen nun zur Natur der Gleichheit, in Sanskrit *sama* genannt. Gleichheit bedeutet: weder dies noch jenes, weder befreiend noch befreit, weder ich noch andere, weder viele noch wenige, weder hoch noch tief. Alle Geistesobjekte sind gleich, und sie teilen dieselbe Natur der wechselseitigen Durchdringung und des Einsseins.

Der höchste, vollkommen erwachte Geist kann nicht unabhängig von dem existieren, was nicht höchster, vollkommen erwachter Geist ist. Es gibt keine Teekanne, die unabhängig von Nicht-Teekanne-Elementen besteht. Wolken sind Meere, Meere sind Wolken. Wolken existieren nicht unabhängig von Meeren, und Meere existieren nicht unabhängig von Wolken. Weil alle Objekte des Geistes weder hoch noch tief sind, wird er höchster, vollkommen erwachter Geist genannt. In unserer Vorstellung mag der Mond voll oder neu sein, strahlend oder trüb, doch der Mond selbst besitzt keine dieser Eigenschaften. Der

Mond ist nur der Mond. Alle Objekte des Geistes sind gleich.

24
Das tugendhafteste Handeln

»Subhuti, wenn jemand die dreitausend Weltsysteme als Akt der Freigebigkeit mit einer Menge der sieben kostbaren Schätze füllen würde, die so hoch ist wie der Berg Sumeru, so wäre das Glück, das daraus entspringt, weit geringer als das einer anderen Person, die das Vajracchedika Prajnaparamita-Sutra *annimmt, es praktiziert und anderen erklärt. Das Glück, das durch die Tugend einer Person hervorgebracht wird, die dieses Sutra praktiziert – und sei es nur eine Gatha von vier Zeilen –, kann nicht durch Beispiele oder Zahlen beschrieben werden.«*

In diesem Abschnitt werden die Gedanken noch einmal wiederholt, die bereits im neunzehnten Kapitel dargelegt sind. Lest bitte noch einmal die dort gegebenen Kommentare.

25
Organische Liebe

»Subhuti, sage nicht, der Tathagata hege die Vorstellung: ›Ich will die Lebewesen zum Ufer der Befreiung bringen.‹ Denke nicht in dieser Weise, Subhuti. Warum? In Wirklichkeit gibt es für den Tathagata kein einziges Wesen, das zum anderen Ufer zu bringen wäre. Würde der Tathagata meinen, dass es ein solches Wesen gebe, so wäre er der Vorstellung von einem Selbst, einer Person, einem Lebewesen oder einer Lebensspanne verhaftet.«

Einsicht bedarf des Nachdenkens, der Reflexion. Im Sutra über den *Diamant, der die Illusion durchschneidet* finden sich viele Wiederholungen, ähnlich der obigen, und je öfter wir dieses Sutra lesen oder rezitieren, desto tiefer dringen wir zu seiner profunden Bedeutung vor. Lesen wir es nur einmal, meinen wir vielleicht, alles zu verstehen, doch das kann gefährlich sein. Ein Sutra lesen ist so, als würden wir jemanden massieren. Wir brauchen Zeit und Energie, um Erfolg zu haben.

Der Tathagata benutzt Worte und Begriffe in derselben Weise, wie andere dies tun – eine Blume ist eine Blume, Abfall ist Abfall, Erwachen ist Erwachen, Täuschung ist Täuschung, Leiden ist Leiden –, doch der Tathagata verstrickt sich nicht in Worte oder Begriffe. Wir dagegen haben die Neigung, all diese Dinge als feste, starre Entitäten zu betrachten und uns in unseren Ansichten zu verfangen. Deshalb benutzt der Tathagata eine Sprache, die uns helfen kann, die Dinge genau und eingehend zu betrachten, so dass wir allmählich befreit werden.

Manchmal spricht der Buddha so, als gäbe es ein Selbst. Er sagte zum Beispiel: »Ananda, möchtest du gern mit mir zum Geiergipfel hinaufsteigen?« Benutzt er das Wort »Ananda«, so benutzt er die Vorstellung von einer Person. In dem Satz »Möchtest du gerne mit mir zum Geiergipfel hinaufsteigen?« wird Gebrauch von der Vorstellung von einem Selbst gemacht. Aber obwohl der Tathagata Worte und Vorstellungen benutzt wie andere auch, ist er doch diesen Worten und Vorstellungen nicht verhaftet.

»Subhuti, das, was der Tathagata ein Selbst nennt, hat seinem Wesen nach kein Selbst in dem Sinne, in dem gewöhnliche Menschen denken, dass es ein Selbst

gebe. Subhuti, für den Tathagata ist niemand ein gewöhnlicher Mensch. Und darum kann er sie gewöhnliche Menschen nennen.«

Das ist ein sehr tiefgründiger, sehr schöner Satz. Ein Mensch wird ein gewöhnlicher Mensch genannt und ist doch gleichzeitig ein Buddha. Nennt man ihn gewöhnlicher Mensch, so wird damit keineswegs der Buddha herablassend betrachtet. Das Wort Buddha sprechen wir mit Respekt und Bewunderung aus. Wir stellen uns niemals vor, dass da ein unreines Element im Körper eines Buddha oder Bodhisattva sein könnte, denn wir wollen nicht respektlos sein. Doch die Lehren der Prajnaparamita besagen, dass auch die fünf Daseinsgruppen des Buddha organischer Natur sind. Der Buddha besteht aus Nicht-Buddha-Elementen. Das Reine besteht aus dem Unreinen.

Im Buddhismus wird Nicht-Dualität als das wesentliche Merkmal der Liebe bezeichnet. In der Liebe sind die Person, die liebt, und die, die geliebt wird, nicht zwei. Liebe hat ein organisches Merkmal. Im Lichte der wechselseitigen Durchdringung und des Einsseins müssen alle Probleme der Welt und der Menschheit in Übereinstimmung mit den Grundsätzen der organischen Liebe und der nicht-dualistischen Weisheit gelöst werden. Diese Grundsätze können angewandt werden, um die Probleme im mittleren Osten und in der früheren Sowjetunion zu lösen. Das Leiden der einen Seite ist auch das Leiden der anderen Seite. Die Fehler der einen Seite sind auch die Fehler der anderen Seite. Ist eine Seite voller Wut, muss die andere Seite leiden und umgekehrt. Diese Grundsätze können auch angewandt werden, um unsere Umweltprobleme zu lösen, zum Beispiel den Treibhauseffekt und das Schwinden der Ozonschicht. Flüsse, Meere, Wälder, Berge, Erde und Steine – sie alle sind unser Körper. Das ist die organische, nicht-dualistische Weise des Buddhismus, Konflikte, Umwelt und Liebe zu betrachten.

26
Ein Korb voller Worte

»Was meinst du, Subhuti? Kann man über den Buddha meditieren mit Hilfe der zweiunddreißig Merkmale?«

Subhuti sagte: »Ja, Weltverehrter. Wir sollten die

zweiunddreißig Merkmale benutzen, um über den Tathagata zu meditieren.«

Der Buddha sprach: »Wenn du sagst, du kannst die zweiunddreißig Merkmale benutzen, um den Tathagata zu sehen, ist dann der Cakravartin ebenfalls ein Tathagata?«

Subhuti sagte: »Weltverehrter, ich verstehe diese Belehrung. Man sollte nicht die zweiunddreißig Merkmale benutzen, um über den Tathagata zu meditieren.«

Im Buddhismus gibt es viele verschiedene Meditationsmethoden. Eine davon ist die Meditation über das Bild des Buddha. Dabei visualisiert man den Buddha mit zweiunddreißig erhabenen, wunderschönen Merkmalen. Von Zeit zu Zeit wird der Name des Buddha angerufen, damit das Bild des Buddha noch klarer und deutlicher im Geist der übenden Person erstehen kann, die daraufhin voller Frieden und Ruhe ist. Die Mönche und Nonnen waren mit dieser Übung vertraut, und sie führten sie durch, wann immer sie das Bild des Tathagata vor sich zu sehen wünschten. Daher antwortet Subhuti so schnell: »Ja, Weltverehrter. Wir sollten die zweiunddreißig Merkmale benutzen, um über den Tathagata zu meditieren.«

Ein Cakravartin ist ein Herrscher, der das Rad der Rechtschaffenheit in seinem ganzen Reich in Bewegung hält. Auch von ihm wird gesagt, dass er die zweiunddreißig Merkmale einer großen Persönlichkeit besitze. Im Lichte des *Diamant-Sutra* gesehen, sollten wir den Körper der zweiunddreißig Merkmale aber nicht mit dem Buddha identifizieren. Vielmehr sollten wir sehr darum bemüht sein, den Buddha da zu suchen, wo die zweiunddreißig Merkmale fehlen – in abgestandenem Wasser oder in Bettlern, die leprakrank sind. Können wir den Buddha an diesen Orten, in diesen Menschen sehen, haben wir eine zeichenlose Sicht von Buddha. Das bedeutet nicht, dass die Meditation über den Buddha vermittels der zweiunddreißig Merkmale falsch ist. Einem Menschen, der mit der Ubung beginnt, kann diese Meditation Vertrauen, Gleichgewicht und Geistesruhe schenken.

Der kostbare Lotus erblüht auf dem
Thron des Erwachens.
Das Licht des Buddha reicht
in die zehn Richtungen.
Seine Weisheit hüllt das Reich
aller Dharmas ein.

Seine Liebe durchdringt Berge und Flüsse.
Wenn ich das Bild des Erwachten sehe,
spüre ich, wie all meine Leiden schwinden.
Ich preise sein grenzenloses Verdienst
und gelobe,
zu studieren und zu üben,
um die Frucht des Erwachens zu erlangen.

In schwierigen Momenten unseres Lebens kann es uns erfrischen und entspannen, wenn wir mittels der zweiunddreißig Merkmale über den Buddha meditieren. Das *Diamant-Sutra* sagt uns nicht, dass wir dies nicht tun sollten. Es lehrt uns nur, genauer hinzuschauen und über den Buddha auch außerhalb der zweiunddreißig Merkmale zu meditieren. Der Buddha wird ersticken, wenn wir ihn zu fest greifen. Ein Zen-Meister hörte damit auf, das Wort »Buddha« zu benutzen, da die Menschen in seiner Gemeinschaft es so übermäßig oft im Munde führten. Er sagte zu ihnen: »Von jetzt an werde ich jedesmal, wenn ich das Wort ›Buddha‹ benutze, zum Fluss hinuntergehen und meinen Mund dreimal ausspülen.« Sein Ausspruch stimmt mit der Dialektik der Prajnaparamita vollkommen überein, doch als die Menschen seine Worte hörten, glaubten sie, er sei respektlos. Nur einer der Ehrengäste der Gemeinschaft verstand ihn. Er stand auf und sagte: »Verehrter, ich weiß Ihre Worte wirklich zu schätzen. Jedesmal, wenn ich Sie das Wort ›Buddha‹ sagen höre, werde ich zum Fluss gehen und meine Ohren dreimal auswaschen.« Wie wunderbar! Beide Männer waren frei von leeren Worten.

Diejenigen von uns, die buddhistische Begriffe benutzen, ohne die Lehre des Buddha auszudrücken, sollten ihre Münder und Ohren auswaschen. Wir müssen vorsichtig sein. Der vietnamesische Musiker Pham Duy schrieb in seinem Lied *Der Mensch ist nicht unser Feind* folgende Worte:

Unser Feind trägt die Farben einer Ideologie.
Unser Feind trägt das Etikett der Freiheit.
Unser Feind hat eine gewaltige Erscheinung.
Unser Feind trägt einen Korb voller Worte.

»Da sprach der Weltverehrte diesen Vers:

Wer nach mir in der Form sucht
oder mich im Klang sucht,
ist auf einem falschen Weg
und kann den Tathagata nicht sehen.«

Wenn wir lernen zu meditieren, visualisieren wir vielleicht den Buddha mit seinen zweiunddreißig besonderen Merkmalen. Vielleicht begegnet uns der Buddha auch in unseren Träumen. Doch sind unsere Wunden einmal verheilt, sollten wir diese Bilder aufgeben und den Buddha in Geburt, Krankheit, Alter und Tod sehen. Nirvana ist aus demselben Stoff wie Anhaftung und Erwachen aus demselben wie Unwissenheit. Wir sollten fähig sein, die Samen des Erwachens unmittelbar hier in die Erde zu säen und nicht bloß in einen leeren Raum. Der wunderschöne Lotos erblüht aus dem Schlamm. Ohne Leiden und Nöte können wir keinen Buddha gestalten.

Dieser Abschnitt des Sutra lehrt uns, uns nicht an die Vorstellung der zweiunddreißig Merkmale zu binden. Vielleicht meinen wir nun, die zweiunddreißig Merkmale besäßen überhaupt keinen Wert, doch in Wirklichkeit entstehen durch die Übung der Achtsamkeit immer neue wunderschöne Merkmale. Die Früchte der Übung – Klarheit, Heiterkeit, Frieden und Glück – sind wirklich da, doch werden sie nicht durch eine Ansammlung von Ansichten und Meinungen sichtbar. Sie zeigen sich nur in der wunderbaren Wirklichkeit selbst.

27
Nicht vom Leben abgeschnitten

„Subhuti, wenn du denkst, der Tathagata verwirkliche den höchsten, vollkommen erwachten Geist und brauche all diese Merkmale nicht, so irrst du. Subhuti, denke nicht in dieser Weise. Denke nicht, dass jemand, der den höchsten, vollkommen erwachten Geist in sich erweckt, alle Objekte des Geistes als nicht-existent, als vom Leben abgeschnitten, betrachten müsse. Bitte, denke nicht in dieser Weise. Jemand, der den höchsten, vollkommen erwachten Geist in sich erweckt, behauptet nicht, dass alle Objekte des Geistes nicht-existent und vom Leben abgetrennt seien.«

»Nicht-existent« und »vom Leben abgeschnitten« sind ebenfalls Zuordnungen. Betrachten wir einen Tisch, eine Blume oder den höchsten, vollkommen erwachten Geist und meinen, dass sie unabhängig von anderen Objekten des Geistes existierten, dann sind wir in die Vorstellung von Beständigkeit verstrickt. Glauben wir auf der anderen Seite, dass alles nicht-existent sei, sind wir in die Vorstellung von Auslöschung verstrickt. Der mittlere Weg, den der Buddha lehrt, ist ein Weg, der von beiden Sichtweisen frei ist. Befreiung liegt nicht darin, dass wir uns vom Leben abschneiden oder versuchen, Nicht-Sein zu erreichen.

28
Tugend und Glück

»Subhuti, wenn ein Bodhisattva die dreitausend Chiliokosmen als Akt der Freigebigkeit mit so vielen der sieben kostbaren Schätze füllen würde, wie es Sandkörner in der Ganga gibt, so ist das Glück, das durch dieses tugendhafte Handeln hervorgebracht wird, dennoch geringer als das Glück, das eine Person bewirkt, die die Wahrheit verstanden und uneingeschränkt angenommen hat; sie weiß, dass alle Dharmas ohne Selbst sind, und ist fähig, diese Wahrheit vollkommen zu leben und zu ertragen. Warum ist das so, Subhuti? Weil ein Bodhisattva Tugend und Glück nicht zu entfalten braucht.«

Subhuti fragte den Buddha: »Was meinst du damit, Weltverehrter, wenn du davon sprichst, dass ein Bodhisattva Tugend und Glück nicht zu entfalten braucht?«

»Subhuti, ein Bodhisattva bewirkt Tugend und

Glück, ist aber der Vorstellung von Tugend und Glück nicht verhaftet. Und darum hat der Tathagata gesagt, dass ein Bodhisattva Tugend und Glück nicht zu entfalten braucht.«

Was immer ein Bodhisattva denkt, sagt oder tut, es kann grenzenlose Tugend und grenzenloses Glück hervorbringen, doch der Bodhisattva ist dem nicht verhaftet. Darum sagt der Buddha, dass die Bodhisattvas keine Tugend, kein Glück ansammeln müssen. Bieten wir uns an, das Geschirr abzuwaschen, weil wir meinen, unsere Arbeit bringe uns in der Zukunft Glück oder Verdienst, sind wir keine wirklichen Bodhisattvas. Wir müssen nur jeden Moment des Geschirrabwaschens freudig leben. Nachdem wir das Geschirr abgewaschen haben, müssen wir nicht überall herumerzählen, dass wir gerade das Geschirr von anderen abgewaschen haben. Tun wir das, dann war unsere Arbeit Zeitverschwendung. Das Geschirr abzuwaschen, nur um das Geschirr abzuwaschen – das hingegen bringt uns unschätzbare Tugend und unschätzbares Glück.

Wir alle kennen Menschen, die kein großes Leid ertragen können, aber wir erkennen nicht, dass das vollkommene Genießen großen Glücks ebenfalls große Kraft und Geduld erfordert. Das Sanskrit-Wort für Geduld ist *ksanti*. Ksanti ist eine der sechs Paramitas oder Vollkommenheiten. Nur die, die große Wahrheit und großes Glück ertragen können, werden Mahasattvas genannt. Und so lesen wir in diesem Abschnitt von der Fähigkeit, »diese Wahrheit zu leben und zu ertragen.«

29
Weder Kommen noch Gehen

»Subhuti, wenn jemand sagt, der Weltverehrte komme, gehe, sitze und liege, so hat diese Person nicht verstanden, was ich gesagt habe. Warum? Die Bedeutung von Tathagata ist: ›Der von nirgendwoher kommt und nirgendwohin geht‹. Und darum wird er ein Tathagata genannt«.

Manchmal wird Tathagata definiert als jemand, der aus der Soheit kommt und zur Soheit geht. Damit soll uns die Natur des Nicht-Kommens und Nicht-Gehens aller Dinge verdeutlicht werden. Die Vorstellungen von Kommen und Gehen können nicht auf Soheit bezogen werden, denn

Soheit ist Soheit. Wie kann Soheit kommen und gehen?

Bisher hat der Buddha über Gleichheit, Nicht-Dualität, Anhaftung an die Vorstellung von Beständigkeit und Anhaftung an die Vorstellung von Auslöschung gesprochen. Nun sagt er uns, dass die Wirklichkeit weder kommt noch geht. Diese Wahrheit gilt nicht nur für den Tathagata. Sie trifft für alle Dharmas, alle Objekte des Geistes, zu.

30
Die unbeschreibbare Natur aller Dinge

»Subhuti, wenn eine Tochter oder ein Sohn aus gutem Hause die dreitausend Chiliokosmen zu Staubteilchen zermahlen würde, glaubst du, es wären dann viele Staubteilchen?«

Subhuti erwiderte: »Weltverehrter, es wären in der Tat sehr viele. Warum? Wenn Staubteilchen eine wirkliche Selbst-Existenz besäßen, würde der Buddha sie nicht Staubteilchen genannt haben. Das, was der Buddha Staubteilchen nennt, sind ihrem Wesen nach keine Staubteilchen. Und darum können sie Staubteilchen genannt werden. Weltverehrter, das, was der Tathagata die dreitausend Chiliokosmen nennt, sind keine Chiliokosmen. Und darum werden sie Chiliokosmen genannt. Warum? Chiliokosmen sind eine Verbindung von Teilchen unter der Bedingung, dass sie zu einem Objekt verdichtet sind. Das, was der Tathagata eine Verbindung nennt, ist ihrem Wesen nach keine Verbindung. Und darum wird sie Verbindung genannt.«

»Subhuti, sprechen wir von Verbindung, so ist das nur eine herkömmliche Redeweise. Sie hat keine reale Grundlage. Nur gewöhnliche Menschen verstricken sich in herkömmliche Begriffe.«

Diese Textpassage ist sehr wichtig. Zu Zeiten des Buddha stellte man sich vor, dass Materie durch das Zusammentreffen von Atomen gebildet würde. Noch heute denken die meisten Menschen so. Unter entsprechenden Bedingungen kommen die Atome zusammen und bilden einen Tisch oder eine Teekanne. Sehen wir einen Tisch oder eine Teekanne, so haben wir das Bild von Atomen vor Augen, die zusammenkommen. Dieses Bild nennt man Verbindung. Verbindung und Atom scheinen von daher zwei entgegengesetzte Vorstellungen zu sein. Nur wenn wir sehen, dass Atome und Verbindungen in sich selbst nicht wirklich Atome und Verbindungen sind, können wir uns von unseren irrigen Vorstellungen befreien. Glauben wir, dass irgendetwas ein Zusammengesetztes sei, das selbst-existent ist, dann haben wir uns in unsere Anhaftung an dieses Objekt des Geistes verstrickt.

Wir können keinerlei Aussagen über die wahre Natur der Wirklichkeit machen. Worte und Ideen können niemals ausdrücken, was Wirklichkeit ist. Dieser Abschnitt des Sutra beschreibt die unbeschreibbare Natur aller Dinge. Gründen wir unser Verständnis von der Wirklichkeit auf unsere Vorstellungen von Teilchen, Atomen oder zusammengesetzten Dingen, kommen wir nicht weiter. Wir müssen alle Vorstellungen und Ideen überschreiten, wenn wir mit der wahren Natur der Dinge in Berührung sein wollen.

31
Das Haar der Schildkröte und das Geweih des Kaninchens

»Subhuti, wenn jemand sagt, der Buddha habe von der Auffassung von einem Selbst, der Auffassung von

einer Person, der Auffassung von einem Lebewesen oder der Auffassung von einer Lebensspanne gesprochen, hat diese Person die Bedeutung meiner Lehre verstanden?«

»Nein, Weltverehrter. Eine solche Person hat den Tathagata nicht verstanden. Warum? Das, was der Tathagata eine Auffassung von einem Selbst, eine Auffassung von einer Person, eine Auffassung von einem Lebewesen oder eine Auffassung von einer Lebensspanne nennt, ist ihrem Wesen nach nicht die Auffassung von einem Selbst, von einer Person, von einem Lebewesen oder von einer Lebensspanne. Und deshalb wird sie Auffassung von einem Selbst, Auffassung von einer Person, Auffassung von einem Lebewesen oder Auffassung von einer Lebensspanne genannt.

»Subhuti, eine Person, die höchsten, vollkommen erwachten Geist in sich erweckt, sollte wissen, dass dies für alle Dharmas wahr ist, dass alle Dharmas dieser Art sind; sie sollte Vertrauen haben, alle Dharmas zu verstehen, ohne jede Vorstellung von Dharmas. Subhuti, der Tathagata hat gesagt, dass das, was Vorstellung von Dharmas genannt wird, nicht eine Vorstellung von Dharmas ist. Und darum wird sie Vorstellung von Dharmas genannt.«

Diejenigen von uns, die noch nicht die Bedeutung des *Diamant-Sutra* tief durchdrungen haben, glauben vielleicht, dass die Vorstellungen von einem Selbst, einer Person, einem Lebewesen und einer Lebensspanne der Weisheit, Soheit und dem Tathagata feindlich gegenüberstünden. Und vielleicht wollen sie deswegen diese Vorstellungen aus der Wirklichkeit ausschließen. In diesem Abschnitt gibt der Buddha uns das Gegenmittel zu dieser Art von dualistischem Denken. Er sagt, dass alle Dharmas – einschließlich Selbst, Person, Lebewesen, Lebensspanne, Nicht-Selbst, Nicht-Person, Nicht-Lebewesen, Nicht-Lebensspanne – Vorstellungen sind. Wir sollten nicht die eine Serie von Vorstellungen loslassen, nur um uns in eine andere zu verstricken. Die Vorstellung von einem Nicht-Selbst entsteht aus der Vorstellung von einem Selbst, genauso wie eine Rose die Nicht-Rose-Elemente braucht, um sein zu können.

Betrachten wir die Vorstellung von einem Selbst ganz genau und eingehend, können wir die Vorstellung von einem Nicht-Selbst darin sehen. Das Haar der Schildkröte und das Geweih eines Kaninchens existieren nicht in Wirklichkeit, doch die Vorstellungen von Schildkrötenhaar und Kaninchengeweih tun es. Sie entstehen aus den Vorstellungen von Haaren, Geweihen, Schildkröten und Kaninchen. Es ist möglich, die Wirklichkeit der Vorstellungen von Schildkrötenhaar und Kaninchengeweih genau zu betrachten, um die wahre Natur der Welt, die wahre Natur der Soheit und die wahre Natur des Tathagata zu sehen.

Der Buddha lehrt uns, die Vorstellungen von einem Selbst, einer Person, einem Lebewesen und einer Lebensspanne nicht zu diskriminieren. Diese Vorstellungen sind ebenso wertvoll wie die Vorstellungen von Leerheit, Soheit, Tathagata und dem höchsten, vollkommen erwachten Geist. Alle Vorstellungen entstehen in wechselseitiger Abhängigkeit und sind leer von einem eigenständigen Selbst. Ist der höchste, vollkommen erwachte Geist leer, dann sind die Vorstellungen von einem Selbst, einer Person, einem Lebewesen und einer Lebensspanne ebenfalls leer. Warum sollten wir sie also diskriminieren oder uns vor ihnen fürchten? Alle Vorstellungen sind Dharmas, Objekte des Geistes, Zeichen. Der Buddha sagt uns, dass es überall da, wo es Zeichen gibt, auch Täuschung gibt. Die Zeichen von Selbst, Person, Soheit oder

Tathagata – sie alle sind Gegenstand von Täuschung.

Im Lichte der Lehren von der wechselseitigen Abhängigkeit und dem Entstehen in Abhängigkeit sind alle Dharmas voneinander abhängig; nur so können sie entstehen und sich entwickeln. Betrachte ein Dharma ganz genau und eingehend, und du wirst alle Dharmas darin sehen. Dies finden wir im *Avatamsaka-Sutra* ausgeführt und erläutert. Bitte, bewahrt in eurem Geiste, dass ein Diskriminieren der Begriffe »Selbst«, »Person«, »Lebewesen« und »Lebensspanne« bedeutet, den entgegengesetzten Begriffen nachzustellen. Haben wir einmal verstanden, dass ein Begriff nur ein Begriff ist, können wir über diesen Begriff hinausgehen und frei sein von den Dharmas, die durch Begriffe repräsentiert werden. Dann können wir damit beginnen, wirkliche Erfahrungen zu machen – mit der wunderbaren Wirklichkeit, die jenseits von Begriffen liegt.

32
Das Dharma lehren

»Subhuti, wenn jemand als Akt der Freigebigkeit eine unermessliche Menge der sieben Schätze opfern würde, um die Welten, die so unendlich wie der Raum sind, damit zu füllen, so wäre das Glück, das diesem tugendhaften Handeln entspringt, nicht so groß wie das Glück, das von einer Tochter oder einem Sohn aus guter Familie herrührt, die oder der den erwachten Geist in sich erweckt, dieses Sutra liest, rezitiert, versteht, in die Praxis umsetzt und anderen erklärt – und sei es nur eine Gatha von vier Zeilen. In welchem Geist ist diese Erklärung zu geben? Ohne sich in Zeichen zu verstricken, gemäß den Dingen, so wie sie sind, und ohne Aufgeregtheit. Warum?«

Der Buddha erläutert hier, wie wir dieses Sutra anderen näherbringen können. Er sagt, dass wir es erklären sollen gemäß der Art und Weise, wie die Dinge sind, wir sollen die Zuhörerinnen und Zuhörer nicht darin unterstützen, sich in Zeichen zu verstricken. Wir sollen, so fügt er hinzu, ruhig bleiben und nicht aufgeregt sein, wenn wir lehren.

Beobachten wir eine Person, die uns dieses Sutra

vermittelt, können wir normalerweise ganz genau sagen, ob sie es im Geist der Zeichenlosigkeit tut. Wir können hören oder spüren, ob die Erklärungen von der Idee getragen werden: »Ich bin die Person, die dieses Sutra lehrt, und du bist die, die zuhört.« So können wir sagen, in welchem Ausmaß der oder die Lehrende noch in die Vorstellungen von einem Selbst, einer Person, einem Lebewesen und einer Lebensspanne verstrickt ist. Ist er oder sie noch sehr stark in diesen vier Vorstellungen verfangen, so kann seine oder ihre Einsicht in das *Diamant-Sutra* keine authentische sein.

Um das *Diamant-Sutra* zu erläutern, muss der oder die Lehrende in Berührung sein mit der Soheit, mit der Natur der Nicht-Dualität, mit der Wahrheit, die nicht beschrieben werden kann. Mit der Soheit in Berührung sein ist wie das Ausheben eines Brunnens bis zu dem Punkt, an dem sich das Wasser von selbst seinen Weg bahnt. Können wir dann direkt aus dem Brunnen der Weisheit trinken, sind wir nicht mehr von den Begriffen »Selbst«, »Person«, »Lebewesen« oder »Lebensspanne« gefangen. Erkennen wir, dass jemand frei von diesen Zeichen ist – auch wenn es noch nicht ganz vollständig sein mag –, wissen wir, dass seine oder ihre Belehrung authentisch ist. Und wird solch ein Lehrender kritisiert oder beschuldigt, das Sutra falsch zu erklären, so wird er oder sie zufrieden und ruhig bleiben, ohne ein Zeichen des Ärgers oder der Aufregung.

Am Ende des *Diamant-Sutra* gibt der Buddha uns noch die folgende Gatha:

»Alle zusammengesetzten Dinge sind
wie ein Traum,
ein Phantom, ein Tautropfen, ein Blitz.
So meditiert man über sie,
so betrachtet man sie.«

Zusammengesetzte Dinge sind alle Objekte des Geistes, die den Prinzipien des abhängigen Entstehens zufolge dazu bestimmt sind, zu entstehen, für eine Weile zu existieren und dann zu verschwinden. Alles im Leben scheint diesem Muster zu folgen, und obwohl die Dinge uns wirklich erscheinen, sind sie tatsächlich eher wie Dinge, die ein Magier hervorzaubert. Wir können sie deutlich sehen und hören, aber sie sind nicht wirklich das, was sie zu sein scheinen. Wir können das Bild einer Luftblase, *timira* in Sanskrit, benutzen, um die Erscheinungen zu beschreiben. Oder denken wir an die vielen Sterne, die wir sehen, wenn wir unsere Augen kräftig reiben; wir könnten meinen, diese Sterne seien wirklich, aber sie sind es nicht.

Nachdem wir diesen Vers gelesen haben, glauben wir vielleicht, der Buddha habe gesagt, alle Dinge seien so unbeständig wie Wolken, Rauch oder ein Blitz. Der Buddha sagt: »Alle Dharmas sind unbeständig«, aber er sagt nicht, dass sie nicht da sind. Er will nur, dass wir die Dinge sehen, wie sie sind. Wir meinen vielleicht, dass wir die Wirklichkeit bereits erfasst hätten, doch tatsächlich greifen wir nur nach ihren flüchtigen Bildern. Betrachten wir die Dinge genau und eingehend, werden wir uns von Täuschung befreien können.

Wir können sogar wissenschaftliche Forschung heranziehen, um manche Sätze dieses Sutra bis zu einem gewissen Grad zu beweisen. Ein Tisch, der uns fest und wirklich erscheint, ist nur Raum und Elektronen, die sich wie ein Bienenschwarm mit fast Lichtgeschwindigkeit bewegen. Atomwissenschaftler haben gesagt, dass ihnen unsere gewöhnlichen, alltäglichen Wahrnehmungen komisch erscheinen, wenn sie sich mit der Welt der subatomaren Teilchen befassen. Doch des ungeachtet lebt ein Physiker sein ganz normales Leben, so wie andere Menschen auch. Er trinkt Tee und isst Brot wie wir, obwohl er weiß, dass dieses Stück Brot hauptsächlich aus Raum und sehr winzigen Materieteilchen besteht. Dasselbe gilt für den Buddha. Der Buddha weiß, dass alle Dinge wie ein Traum, ein Phantom, eine Luftblase, ein Blitz sind, aber er lebt sein ganz normales Leben. Er isst und er trinkt. Der einzige Unterschied ist, dass der Buddha sein Leben im Geist der Zeichenlosigkeit und des Nicht-Anhaftens lebt.

Nachdem der Ehrwürdige Subhuti, die Bhikkhus und Bhikkhunis, Laienanhänger und Laienanhängerinnen, Götter und Asuras die Rede des Buddha vernommen hatten, waren sie alle voller Freude und Vertrauen und verpflichteten sich, diese Lehren in die Praxis umzusetzen.

Das *Diamant-Sutra* zu rezitieren ist eine der zahlreichen Methoden, es zu praktizieren und zu befolgen. Abends könnt ihr euch still niedersetzen und dieses Sutra rezitieren. Rezitation ist eine Möglichkeit, die Samen unserer Weisheit zu wässern, die tief am Grund unseres Geistes liegen. Werden diese Samen nur selten gegossen, werden sie vertrocknen. Wässert man sie dagegen häufig, werden sie keimen und sich entwickeln. Gelegentlich, in völlig unerwarteten Augenblikken, werdet ihr dann zu einer tiefgreifenden Erkenntnis gelangen. Lasst euch nicht von den Wiederholungen im Gespräch zwischen dem Buddha und Subhuti beirren. Das sind Worte, die wir während unseres ganzen Lebens wiederholen müssen. Es sind Lieder, die oft gesungen werden müssen. Je öfter wir sie singen, desto tiefer werden wir von ihrer Bedeutung durchdrungen.

Es ist wundervoll gewesen, dieses Sutra mit einer Gruppe von Freundinnen und Freunden zu studieren. Ich bin sicher, ihr werdet in diesem Sutra immer wieder Neues entdecken, wenn ihr es erforscht. In unserer Gemeinschaft ist es so, dass wir nach dem Studium oder der Rezitation eines Sutra unsere Handflächen zusammenlegen und gemeinsam diese Gatha singen, um unsere Dankbarkeit gegenüber den Drei Kostbarkeiten – Buddha, Dharma und Sangha – auszudrücken. Lasst uns dies jetzt tun.

Die Sutras rezitieren,
den Weg der Bewusstheit gehen,
bewirkt Segen ohne Ende.
Wir geloben, die Früchte mit allen Wesen
zu teilen.
Wir geloben, Eltern, Lehrern, Freunden
und zahlreichen Wesen,
die uns anleiten und uns Unterstützung
auf dem Pfad gewähren,
Hochachtung zu bezeigen.

Über den Autor

Der vietnamesische Zen-Meister Thich Nhat Hanh, geboren 1926 in Zentral-Vietnam, ist einer der bekanntesten spirituellen Lehrer der Gegenwart. Als führender Vertreter eines sozial engagierten Buddhismus genießt er weltweit hohes Ansehen. Seit 1966 lebt er in Frankreich in der von ihm gegründeten Gemeinschaft Plum Village. Mittlerweile gibt es zahlreiche Praxiszentren in aller Welt, die seiner Tradition folgen. Thich Nhat Hanh ist Autor zahlreicher Bücher, die in viele Sprachen übersetzt wurden.

Kontaktadressen
Plum Village
New Hamlet
13 Martineau
F-33580 Dieulivol
Tel.: 0033 5 56 61 66 88
www.plumvillage.org

Europäisches Institut für Angewandten Buddhismus (EIAB)
Schaumburgweg 3
51545 Waldbröl
Tel.: 02291 - 907 13 73
www.eiab.eu